이 사람을 보라

간행사

여기 사람이 있습니다. 이 사람은 평생을 게으르지 않고 열심히 살았습니다. 게으르지 않고 열심히 사는 삶은 위대한 깨달음의 세계에 이른 붓다께서 남긴 마지막 말씀과 똑같습니다. 수행자가 아닌 누구라도 마찬가지입니다. 이렇게 사는 게 인간 삶의 바른 길입니다.

이 사람은 온갖 어려움과 힘든 세월을 견디고 돌파하면서 자기 분야의 최고가 되었습니다. 스스로는 물론 이웃을 위해 열심히 살았고 먼 후대의 사람들을 위해서도 보람된 삶을 살았으니, 성자와 현인과 대보살을 어찌 다른 곳에서 찾겠습니까.

이 사람이 혼신의 힘을 다해 살아가는 동안 우리는 조금씩 발전했지만 이 사람이 가고 난 뒤에 우리는 훨씬 더 먼 길을 걸어갈 수 있게 되었습니다. 모두가 이 사람 덕분입니다. 그 고귀한 삶을 기록하고 정리해 나가는 일은 우리 후학들의 자랑이요 의무이기도 합니다.

　이 사람은 한 사람이 아닙니다. 한 사람 한 사람이 모여 우리가 되었으니 우리 모두가 이 사람입니다. 이 사람의 정신과 이 사람의 행동과 이 사람의 피와 눈물이 우리들 모두가 되었습니다. 그래서 이 사람은 역사 속에서 기억되는 존재가 아니라 지금 이 순간 우리와 함께 살아가는 영원의 길벗입니다. 우리는 이 사람을 통해서 순간이 영원이 되는 삶을 살아갑니다.

　기릴 만한 선배가 있는 사회는 아름답고 건강합니다. 칭찬하고 격려하고 본받고 기리는 일이 어찌 지혜롭고 건강한 사회의 본분사가 아니겠습니까. 열 가지의 나쁜 일은 가려서 하지 않고 열 가지의 좋은 일만 골라서 한다면 역사상의 어떤 태평성대보다 좋은 세상이 될 것입니다.

　이 책은 좋은 마음과 착한 행동을 위한 우리 사회의 길잡이가 되고자 합니다. 한 사람 한 사람의 걸어간 발자국이 우리를 감화시켜서 보다 나은 세상으로 나아가는 데 도움이 될 수 있기를 바랍니다.

2022년 4월
동국대학교 총장 윤성이
동국대학교 총동창회장 박대신

도스토예프스키의 소설을 읽고
시베리아 삭풍 같은
스산한 어두운 색을 좋아했다.
온통 회색의 영화가
그를 압도했다.

유현목 감독의 데뷔작
'교차로'가 개봉되자
신문 헤드라인에는
"정열적인 테크니션" "한국영화의
스토리텔링을 탈피하다"라고
올랐고, 영화계에서는
"이제야 영화감독 같은 놈이
태어났다"는 소문이 났다.

전위적 현대미학을
이 땅에 실현한
한국영화 미학의 개척자

"어디든 가긴 가야 할 텐데…"라며
방향감각을 잃은 손님을 태운
운전기사 옆조수는
"오발탄 같은 손님을 태웠군…"
이라고 중얼거린다.

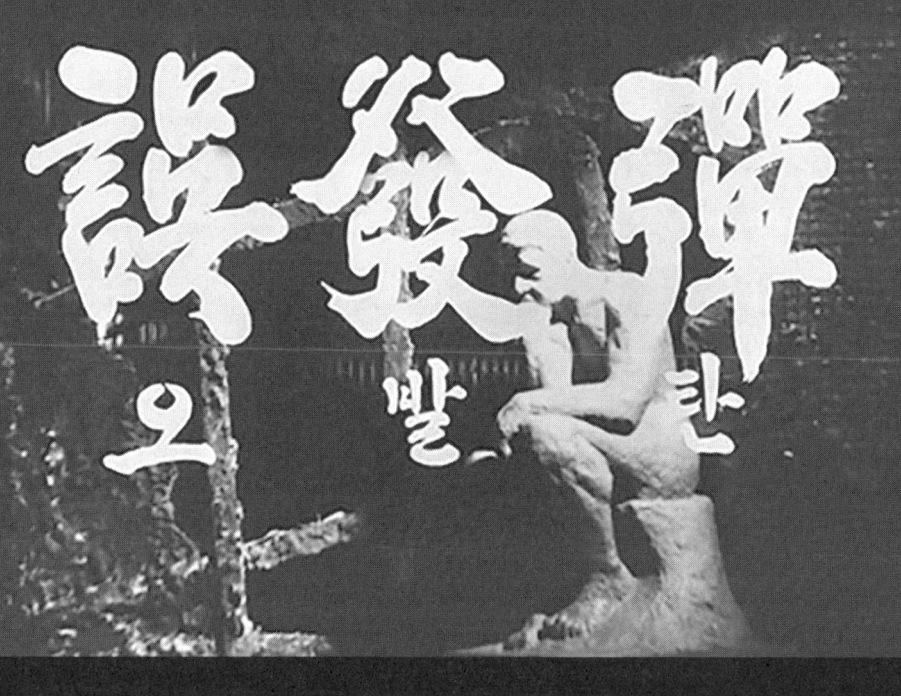

유현목은 스스로
굴복보다는 저항을,
안일보다는 고뇌를 선택했던
영화인이었다.
그래서 우리는
"유현목은 영화다"라고 자신있게
말할 수 있는 것이다.

이 사람을 보라

천의 얼굴
유현목 감독

정재형 지음

동국대학교 출판문화원

목차

프롤로그 18

1장 아버지와 어머니 집안의 내력 23
2장 어린 시절(1925~1938) 53
3장 휘문중학 시절(1939~1944) 59
4장 동국대 입학과 영화계 입문(1945~1954) 71
5장 영화감독의 삶(1955~1995) 93
6장 박근자 여사와의 삶(1958~2009) 171
7장 동국대학교 교수로서의 삶(1976~1990) 193

에필로그 198
부록 201

프롤로그

2009년 6월 28일 영화계의 큰 별이 떨어졌다. 한국영화계를 풍미했던 실존주의 영화감독 유현목이 83세를 일기로 서거한 것이다. 그 날은 우연히도 부인 박근자 여사의 생일이기도 하다.

충무로에서 노제를 지내야 하는데 비가 철철 내렸다. 폭우 속에 밖에서 제사를 지낼 수밖에 없었다. 버스는 충무로를 돌았다. 스태프들과 새벽이면 모여 촬영지를 가기위해 기다리던 청탑다방. 배우들을 만나 영화 이야기를 나누던 벤허다방 자리다. 지금은 다 없어졌지만 그 장소들은 유현목 감독뿐 아니라 충무로 영화인들이면 누구나 기억하는 추억의 장소다. 그곳에 내려 노제를 지내려 했으나 비가 억수로 쏟아져서 내릴 엄두를 내지 못했다. 비가 좀처럼 그칠 것

같지 않은 기세라 충무로 거리를 한 바퀴 도는 걸로 노제를 대신했다. 버스 안에서는 60년대를 같이 누볐던 노감독들과 스태프들, 배우들이 흐느껴 울었다.

이렇게 한 시대가 가는구나. 자신의 젊음을 장사 지내는 장면을 눈앞에서 보며 그들은 억제할 수 없는 눈물을 주르르 흘리고 있었다. 버스는 오랜 세월 교수로 역임한 동국대학교 교정을 마지막으로 한 바퀴 돈 후 장지인 모란공원으로 향했다. 영화감독 유현목. 해방 이후 한국영화를 끌고 간 신화적 존재의 죽음.

동국대출판문화원에서 연락이 왔다. 유현목 감독의 일생을 책으로 써줄 수 있느냐는 거였다. 난 거절하고 싶었지만 거절할 수 없었다. 사람은 누구나 인생의 빚을 지고 산다. 내가 유현목 감독에 대해 사람들에게 평소 한 말이 있다. 그는 내 생명의 은인이다. 나를 영화로 이끌었고 내가 반평생 동국대 교수를 하면서 학생들을 가르칠 수 있도록 만든 것은 순전히 감독님의 덕이니까.

불교에서는 전생의 인연이 후생에 이어지는 것을 연기緣起 혹은 인연因緣으로 설명한다. 인연이란 원인과 결과가 이어진다는 뜻이다. 부처님의 대표적인 설법이다. 이 인연 하나로 불교를 설명하기도 한다. 유현목 감독과 나의 인연은 고등학교 1학년 시절 휘문문예반에서 처음 시작되었다. 교지 편집을 위해 원고 청탁을 하러 휘문고 선배인 유현목 감독을 찾아뵈었다. 그 인연이 여기까지 이르게 될 줄이야.

가장 가까운 사람들이 떠나면서 난 인생의 죽음을 실감했다. 군대 있을 때 아버지, 어머니를 3개월 사이로 잃었다. 유학 중에 할아버지께서 돌아가셨다. 형제들만 남은 외로운 상황이었다. 그리고 마지막 남은 정신적 지주 유현목 감독님께서 돌아가셨다. 실감나지 않았다. 모두 언제고 내 곁에 계실 거라 생각했던 분들이었다. 그런 분들이 한 분씩 돌아가시자 '죽음'이란 무엇인지 생각하면서, 나 역시도 죽음과 무관하지 않다는 생각에 부처님의 말씀인 '생사일여生死一如'의 의미를 어렴풋이 깨달을 수 있었다.

원고 의뢰를 받고 나서 스승 유현목 감독에 대해 생각해 보기 시작했다. 그는 어떤 인물인가, 그리고 그는 무엇을 남겼나. 그분이 영화계에 남긴 많은 업적과 영향력은 유현목 감독의 장례식장에서 이미 느꼈었다. 많은 영화인의 슬픔과 추모 속에 저 세상으로 가신 유현목 감독의 장례식은 '더이상 성대할 수는 없었을 것'이라는 생각이 들었기 때문이다.

유현목 감독은 천의 얼굴을 가진 사나이였다. 21세기가 원한 진정한 활화산의 사나이였다. 난 다양한 분야에서 활동했던 그 분의 족적을 더듬어 그가 원했던 것이 진정 무엇이고, 그것이 얼마나 중요한 가치였는지를 소상하게 풀어볼 작정이다. 소중한 추억을 헤아려주신 감독님 평생의 동반자 박근자 여사님과 동생 유영목선생께 감사의 마음을 드린다.

2022년 초봄
정재형

1장

아버지와
어머니
집안의 내력

아버지와
어머니
집안의 내력

유현목의 본관은 기계杞溪 유씨다. 묘금도 유씨라고 불렀다. 황해도 사리원에 유씨 집성촌이 있다. 사일면 장마당 유씨 집성촌은 30~40호가 모여살던 아담한 동네였다. 할아버지의 함자는 유진만씨로, 소설가 유진오와 같은 항렬이었다. 1885년생 아버지는 유희준씨로, 6.25전쟁 때 돌아가셨다.

사리원에는 경암산이라는 곳이 있는데, 산 앞부분이 닭벼슬처럼 튀어나와 있어 인민군들이 경암산 곳곳에 기관포를 배치해 놓았다. 유엔군 전투기가 사리원을 폭격하기 위해 내려오면 전쟁 군수물자를 싣고 오는 기차만 폭파했기 때문이다. 전투기가 내려오면 산에서 비행기 내려오는 걸 보고 기관포를 쏘았다. 비행기 한 대가 포에 맞아서 떨어지면 유엔군은 다음날 삐라를 떨어트렸다. 앞에는 맥아더 장군의 사진, 뒷면엔 글자가 적혀있었다.

"사리원 시민 여러분, 매일 무차별 폭격이 있으니 모두 피란 가시기 바랍니다"

1950년 10월 17일 사리원에 유엔군이 들어왔다. 가을 논에 추수하고 남은 볏짚 단을 세워놓았을 무렵인데, 그날이 아버지와 동생 승목이 죽은 날이다. 비행기에서 작은 폭탄들이 떨어졌는데, 막내 동생 영목은 폭탄 떨어지는걸 두 눈으로 목격할 수 있었다. 비행기에서 떨어진 폭탄이 지상에 닿기까지 보통 1분여 시간이 경과하기 때문에 영목은 눈 앞으로 폭탄이 떨어지는 걸 마주보는 놀라운 경험을 하며 집으로 뛰어갔다고 한다. 그날 어머니는 건너편 '독쟁이'라는 산에 유명한 약수를 받으러 갔다가 약수를 떠서 돌아와 보니 쑥대밭이 된 과수원에서 아버지와 아들 승목의 시신을 발견했다고 한다. 어머니는 두 사람의 시신을 과수원에 묻을 수밖에 없었다.

아버지 형제들은 2남 1녀로, 아버지 밑에 숙부가 있

평양 아래 위치한 사리원

고 막내는 고모다. 봉산군청 호적계 주사였던 숙부는 '시마하라'라고 창씨개명 했고 일제에 앞장섰다. 숙부네 가족은 6.25전쟁 때 모두 행방불명되었다. 고모는 황주 부잣집으로 시집갔다. 황주는 사리원과 평양 사이에 있는 도시로, 해주와 함께 황해도에서 가장 큰 도시 중 하나이다. 고모부는 대서방 서사를 하셨는데, 지금으로 말하면 법률가, 사법서사 정도 된다. 당시 황주에는 대서방이 고모부 한 명 뿐이었기 때문에 고모는 시집 간 후 사는 게 힘들지는 않으셨다. 월남 후 고모네는 서울 태화관 앞에 사셨다. 고모 큰아들은 대한민국 최초의 고사포 여단장 김일한 중장, 작은아들은 김일창 중령으로 당시 요직 중의 요직이라는 청와대 국가안전보장회의에 있었다. 사위 전병직 박사는 세브란스병원 최고의 외과 과장이었으니 다복한 집안이었다.

할아버지는 아버지에게 항상 공부해서 과거를 보라고 이른 탓에 집에서 공부만 했던 아버지는 세상 물정 모르는 글방도령이었다. 아버지 26세, 어머니 19세 때 두 분이 결혼을 하셨는데 아버지는 전처소생의 딸이 있는 재혼이었다. 그 딸까지 합해 10남매를 둔 셈이지만 아버지는 정신이상자인 전처를 내쫓고 딸은 호적에도 올리지 않았다. 대신 재산을 줘서 내보냈다고 한다. 훗날 정신이상 첫째 어머니가 거지행색으로 남편인 아버지를 찾는다며 막내 유영목을 찾아왔었다고 한다.

자식을 제 몸처럼 사랑했던 어머니

어머니는 백말띠였다. 옛날부터 백말띠는 팔자가 세서 시집을 못가니 남의 집 재취*를 가야한다고 했다. 어머니 역시 집안에서 "시골에 양반집 도령이 하나 있는데 거기로 가라"고 하며 결혼을 시킨 것이었다. 어머니가 시집을 와보니 집안 형편이 말이 아니었다. 부엌은 민물게가 기어 나올 정도로 황폐해 있었고, 밤낮없이 농사일을 해야 했다. 생전 농사일이라곤 해보지 않았던 어머니는 죽을 맛이었다. 결국 아버지에게 나가 살자고 사정을 했고, 2년 만에 경이포라는 동네로 나가게 되었다. 경이포는 지금의 '송림'으로, 대동강 근처쯤 된다.

당시 경이포에는 동양에서 제일 큰 제련소가 건설되고 있었다. 제련소는 프랑스 기술자들이 짓고 있었지만 대부분 십장**들은 일본인, 중국인에 노동자들은 조선인이었다. 거기 가서 밥장사라도 해보자는 어머니 말에 아버지는 딱히 할 일도 없었기 때문에 따라 갔다. 생각이 빠른 어머니는 경이포에서 쌀가게와 고무신 가게를 시작했다. 제

*두 번째 장가가서 맞이한 아내
**일꾼들을 감독·지시하는 우두머리

련소에 근무하는 노동자들이 일하며 살아가는데 꼭 필요한 두 가지, 먹는 일과 맨발로 다닐 수 없으니 신발은 사서 신지 않겠냐는 판단이었다. 물론 다른 가게들도 있었지만 그 가게들이 현찰로만 거래한 반면 어머니는 전표를 받고 나중에 결제하는 방식을 택했다. 당시 노동자들은 하루 일한 시간을 증명하는 전표를 받고, 모은 전표를 월말에 돈으로 바꾸는 방식으로 일했기 때문에 노동자에게 현찰이 있을 수가 없었다. 다른 가게는 현찰이 없으면 물건을 살 수가 없는데, 어머니는 전표만 받고 외상을 허락한 것이다. 어머니는 프랑스인이 운영하는 회사를 믿고 전표를 받은 것이다. 그 결과, 노동자들이 전부 어머니 가게로 몰려오게 되니 어머니는 단숨에 돈을 모아 부자가 될 수 있었다.

어머니는 뼈를 깎는 괴로움을 겪으면서도 한 마디 불평도 없는 성격이었다. 농사꾼의 집으로 시집 와 농사꾼의 아내로 삶을 시작한 이래, 한 번도 제대로 쉰 적이 없었다. 그러니 그 고생은 이루 말할 수 없었다. 하지만 가난했던 살림을 부잣집으로 변화시켰고, 6.25전쟁 중에 남편을 일찍 여의었음에도 자식을 온전히 잘 키워냈으니 그 은혜를 잊을 수가 없다.

어머니는 두 번이나 집안을 일으켜 세웠다. 한 번은 시집와서 가난한 집을, 두 번째는 아버지가 돌아가신 후 자식들을 교육시키며 살아갈 힘을 주었다. 어머니의 생은 그 자체가 자식을 위한 삶이었다.

어머니의 의지는 어디서 비롯된 것인가. 그건 하나님을 향한 신앙심이 큰 부분을 차지한다. 열아홉에 시집온 처녀가 가난한 시골 농가를 어떻게 일궈냈겠는가. 그녀의 나약한 몸으로 어떻게 그런 억척스러운 시골 농사를 견뎌낼 수 있었겠는가. 신앙의 힘이 아니면 불가능했다. 남편은 주벽이 심했고, 시댁의 보수적인 분위기는 그녀에게 슈퍼우먼 이상의 초능력을 요구했다.

고단했던 나날을 눈물로 보내던 어느 날 그녀의 귀에 아련히 들려온 교회 종소리. 그건 구원의 종소리였다. 그 종소리를 들으며 교회를 다니기 시작하면서 그녀는 집안을 구하는 성녀로, 자식들의 수호천사로 변모하기 시작했다. 친정, 시댁 어디도 기독교 신자는 없었지만 우연히 들려온 종소리에 마음이 열려 맞이한 하나님은 어머니를 새로운 기독교인으로 변모시켰다. 얼마나 열성적이었는지 자식들을 모두 유아세례를 받게 했다. 뿐만 아니라 자식들은 어머니의 감화 아래 독실한 기독교 신자가 되어 갔다. 어린 유현목도 마찬가지였다.

어머니의 소원은 유현목이 목사가 되는 거였다. 유현목도 그 뜻을 어길 생각이 없었다. 1945년 해방 후 대학을 가기 위해 어머니, 아버지, 형제들을 두고 홀로 38선을 넘어 남한으로 내려온 유현목은 감리교 신학교를 지망했다. 하지만 하늘의 뜻인지 그는 낙방했다. 어머니의 뜻과 자신의 뜻은 같았으나 하나님의 뜻은 아니었나 보다.

1951년 1월 4일, 사리원에 있던 가족은 6.25전쟁이 지속될 기미를 보이자 남쪽으로 내려가야 한다고 결정했다. 고모부가 누이를 데려갔고 영목과 어머니는 보따리를 든 채 기차를 타고 서울로 내려왔다. 막내 영목을 포함한 세 명은 외삼촌이 경영하는 평화당 인쇄소 한 귀퉁이에서 더부살이를 하게 된다. 당시 유현목은 조감독으로 영화판 일을 하느라 충무로를 돌아다니고 있었는데, 어머니는 그때 처음으로 유현목의 서울 생활을 직접 보게 되었다. 유현목은 어머니의 실망이 예상되어 몹시 초조했지만 의외로 어머니의 대답은 놀라운 반전이었다.

"얘야, 너 좋아하는 영화일 열심히 하거라. 절대 효도할 생각 마라. 효도한답시고 시간 쓰고 마음 쓰다간 네 일을 열심히 하지 못한다. 그러니 절대 효도할 생각마라"

효도하지 말라는 어머니의 이 말은 평생 유현목의 마음속에 박힌 금언金言과도 같았다. 어머니가 그렇게 관대한 분이셨을 줄이야. 유현목은 마음속으로 눈물을 흘렸다. 하나님을 멀리 했다고 혼내실 줄 알았었는데 뜻밖에도 어머니는 자신의 일을 축복해 주셨다. 나아가 자신에게 효도하지도 말고 일에 열중하라니. 이렇게 도량이 넓고 자식의 마음을 이해해 주는 자상한 어머니가 세상 또 어디 있단 말인가. 유현목은 감동하고 또 감동했다. 마음으로 흐느끼며 영화로 성공하여 평생 어머니를 편안하게 해 드려야겠다고 다짐했다. 게다가 어머니는 영화를 통해 하나님이 하시는 일을 더욱 더 확장시키면 좋을 거라는 말씀까지 하셨다. 복음 전파를 영화로 하면 좋겠다는 뜻이었다. 유현목 영화의 실존적이며 철학적인 면은 어쩌면 이러한 어머니의 영향이 아닌가 싶다.

어머니의 영향으로 바로 아래 동생 승목은 평양 신학교에 들어갔지만 6.25전쟁 때 아버지와 함께 과수원에 있다가 폭사 당했다. 또 막내 영목도 목사가 되진 않았지만 서울의 중앙신학교에 입학했을 만큼 어머니의 감화로 목사가 되려던 형제들은 유현목을 포함하여 세 명이나 된다. 하지만 아이러니하게도 목사가 된 사람은 하나도 없다. 어머니의 바람 또한 아들들이 반드시 목사가 되기보다는 하나님의 뜻을 받드는 사람이 되어 달라는 것이었으리라.

어머니는 자식들에게 항상 기도하라고 가르쳤다. 기쁘거나 슬프거나 항상 하나님 음성 속에 있어야 한다고 가르쳤다. 어머니는 보통학교도 나오지 못했지만 성경을 통해 한글을 깨우쳤다. 한글을 배운 덕에 장사도 남보다 잘 할 수 있었고, 가난한 살림을 부유한 살림으로 키워놓았다.

어머니는 유현복이 어린 시절 사리원에 있을 당시에 고무신 가게를 차렸다. 농사만 천직으로 알던 유씨 집안에서 장사하는 며느리가 처음으로 나타난 것이다. 가게는 초라했지만 시골치고는 물건도 많았고 장사도 제법 잘 했다. 아버지는 으레 대낮부터 술집을 전전했고 장사는 어머니가 도맡았다. 기독교 정신이 자본주의를 발전시켰다는 이론이 있듯이 어머니의 기독교 정신은 집안을 일으키는 원동력이었다. 집에서도 가만히 있지 않았다. 텃밭마다 옥수수, 배추 등 온갖 채소를 심어 식재료로 사용하는 알뜰함을 보였다.

1945년 해방이 되자마자 공산당이 집권하기 전, 어머니는 과수원만 남기고 땅을 모두 남에게 줘버렸다. 결과적으로 재산이 없으니 지주가 되지 않았고, 공산당에게 몰수당하거나 비판받지 않았다. 어머니의 선견지명이었다. 당시 집은 '사리원 공설시장'이라는 큰 시장 옆에 있었는데, 어머니는 살림집 전체를 세 부분으로 나눠 농사도 짓고, 냉면가게도 차렸다. 상호는 냉면발이 긴 것에 착안한 누이가 '삼천리 면옥'이라 이름 지었다.

하루는 사리원에 왔다가 냉면집 이름이 특이한 걸 보고 들어온 신학생과 우연히 결혼 얘기가 오가게 되었다. 29세이던 누이를 시집 보내는게 걱정이던 어머니는 중매쟁이를 통해 그쪽 집안과 혼사를 주고받더니 누이의 결혼이 일사천리로 진행됐다. 시집간 누이는 얼마 후 아이를 낳았지만 그 무렵 매형의 정신이상이 시작했다. 일본인에게 매를 너무 많이 맞은 까닭이었다. 당시 신학생들은 일본제국주의

자들과 사상적으로 결이 달랐다. 하나님을 숭배했기 때문에 신사참배를 거부했으니 제국주의자들과 대립하다가 구타를 당하기 일쑤였다.

결국 '복숭아나무로 때려야 정신병이 낫는다'는 미신대로 동네사람들이 매형에게 매질을 했고, 그는 매질을 견디지 못한 채 맞아 죽고 말았다. 누이의 아이 또한 간질로 자주 발작을 일으키곤 하더니 세상을 떠났다. 불행한 누이는 과부 아닌 과부가 되어 평생 유치원 선생으로 살다 생을 마감했다. 유현목은 집안의 불행한 역사를 가까이서 보며 성장한다.

부산 피란 시절, 유현목은 대학을 졸업한 백수건달이었다. 조감독으로 동분서주 했지만 밥벌이는 전혀 없었기에 유현목을 먹여살리기 위한 어머니의 고생은 이루 말할 수가 없었다. 어머니는 목포에서부터 계란꾸러미 한 짐을 지고 배 멀미를 해가며 와 부산시장에 내다 팔았다. 또 거제도 고아원에서 구제품 옷가지 불하하는 일도 했다. 어머니는 그 옷들을 산더미처럼 받아다 배로 실어 날랐다. 한번은 어머니가 탄 배가 기관 고장에 풍랑을 만나 닷새를 바다에서 표

류한 적이 있었다. 유현목은 닷새 동안 소식이 끊어져 생사를 알 수 없었던 어머니를 생각하며 밤잠을 이루지 못하기도 했다.

예상보다 길어지는 부산 피란 시절, 어머니는 영도다리에서 빗자루, 시장바구니, 쓰레받기 등을 늘어놓고 노점상을 했었다. 당시 노점상을 단속하던 경찰들이 어머니가 늘어놓은 물건들을 발로 걷어찰 때마다 이 모습을 목격한 유현목의 가슴은 찢어지다 못해 뭉개졌다. 자신이 영화일만 안 했어도 뭐라도 해서 나이 든 어머니를 돌봐 드릴텐데, 그렇게 하지 못하는 자신을 수없이 원망했다.

어머니는 밟아도 밟아도 다시 일어나는 잡초보다도 더 질긴 생활력을 가졌다. 아버지의 무능력이 오히려 어머니로 하여금 강인한 정신을 갖게 했는지도 모른다. 아니면 신앙심이었을까. 뭔지는 모르겠지만 뭐가 됐든 그녀는 강한 정신력으로 집안을 일으켜 세웠다.

어머니는 자식들이 성장했을 때도 의지하는 일이 전혀 없었다. 부산이든 서울이든 항상 행상 아니면 노점으로 집을 마련하고, 그 집을 다시 세를 놓아 수익을 만들어 냈다. 동대문에서 남대문까지 차비를 아끼려고 거의 한 시간

거리를 걸어 다녔다. 모아놓은 돈으로 자식들에게 집을 사 주겠다고 말했고 그 집에서 잘 살기 바란다고 당부했다. 유현목은 그런 어머니의 말씀을 들으면 미안하고 죄송한 마음에 감정이 복받쳐 올랐다.

그런 강한 어른이건만 세월엔 약이 없었다. 말년에 어머니는 팔다리가 쑤시는 신경통으로 고생했다. 그럼에도 유현목은 어머니를 위해 다른 일을 도모하지 못했다. 효도하지 말라는 어머니의 당부 때문이었다. 어머니는 자식들의 효도를 마다했다. 자식들이 그들의 일 대신에 어머니를 위해 뭔가를 한다는 걸 경계했다. 자신을 위해 자식들이 일에 소홀할까봐 그런 것이다. 그녀는 자식들에게 고생이 허사가 되지 않도록 본인들 일에 몰두하라고 당부했다. 유현목은 고생하는 어머니 생각만 하면 몇 번이고 영화일을 때려치우고 다른 직장을 가질까 고민했었다. 하지만 번번이 어머니의 말 때문에 영화일에 매진하자고 다짐할 수밖에 없었다. 자식들에게 따뜻한 밥상을 차려주면서도 본인은 시장 노점에서 팥죽으로 허기를 채우던 어머니. 자식들이 현재에 만족할까봐, 방심하지 말고 더 성공하기 위해 부단히 노력하라고 당부하며 어머니가 항상 되뇌이던 말이다.

"높이 올라가면 더 높은 높이가 또 있는 법, 한눈팔지 말고 자신의 일에만 골몰해라. 그게 효도란다"

단지 효도만을 말한 게 아니다. 당신이 한 일 모두 다 지나간 일 취급해 달라는 주문이었다. 불교에서 말하는 무주상보시無主相布施와 같은 개념이다. 은혜를 베푼 사람도, 은혜를 입은 사람도, 그 주체도 대상도 존재하지 않는 극도의 박애주의의 실천이다. 아버지는 자식들이 중학교만 마치면 공부는 다 끝났으니 이제 벌어먹는 일에 종사하길 바랐다. 그러나 어머니 생각은 달랐다. 자식들이 원하는 공부를 마치기를 바라셨다. 실제로 아들 둘, 누이 하나가 모두 대학을 다녔다. 당시 대학은 지금 대학원 수준이니, 엄청난 학구열을 소유한 분이었다. 자식들을 대학까지 보내려면 많은 비용이 필요한 만큼 그 고생은 이루 말할 수 없었다. 어머니는 자신의 몸처럼 자식을 사랑했던 그런 분이었다.

서울에 잘 사는 부자 외삼촌이 있었지만 어머니는 그 신세를 일절 진 적이 없다. 평소 아버지에게도 한 푼 도와달라는 소리도 해본 적 없이 홀로 집안과 자식을 챙겨왔다. 그 습관은 자신이 일군 땀과 노력 외에는 외부의 어떤 도움도 바라지 않는 독립적인 성격에서 비롯됐다.

    사리원 시절 어머니는 전당포를 운영했다. 전당포에 대한 이미지는 당시에도 좋지 않았다. '고리대금업자'라고 하면 흔히 악덕 업자를 떠올리는데, 전당포가 악덕이었던 이유는 오래 되어 찾아가지 않는 물건을 주인이 처분해 버렸기 때문이었다. 나중에 돈이 생겨도 일정한 기한이 지나고 나면 찾을 수 없었다. 아니면 비싼 이자를 붙여 되팔았기 때문에 악덕이라고 불린 것이다. 하지만 어머니는 달랐다. 물건을 담보로 맡긴 사람이 가난할 경우, 주인을 찾아서 이자를 감해주기까지 했다. 물건이 없어지지 않도록 최대한 배려를 해주었다. 어머니는 왜 그런 선심을 베풀었을까. 단지 천성이 착했기 때문만은 아니다. 자신이 가난을 많이 경험해 봤기 때문이었다. 동병상련이 작용한 것이다. 비록 전당포업을 할지언정, 돈을 벌기 위해서 남에게 고통을 가하지 않았다. 가난한 사람의 고통을 가난한 사람이 알아준 것이다. 서로 돕자는 취지에서 일을 했던 것이리라.

    환경이 사람을 만든다. 어머니의 근검, 성실, 독립성은 가난한 집안 환경, 안일한 아버지의 영향 때문에 반사적으로 형성된 것이다. 아버지는 어머니에 비해 어떤가. 그저 마음씨 좋은 한량이라 하는 일 없어도 흥청망청 술만 마셨다. 주벽이 심해 주사를 늘어놓기 일쑤였다. 아버지도 뭔가 생각은 있었을 것이다. 하지만 식민지시대를 살아가는 가슴 속 응어리를 그저 술로만 탕진하려 했다. 그런 성격 탓에 잘 살던 집안은 기울고 어려워졌다.

하지만 상황을 반대로 가정해 보자. 어머니가 시집올 때 유씨 집안이 이미 부잣집이었고, 아버지 역시 부지런하고 성실한 사람이었다면 어땠을까. 어머니가 그런 상황에서도 열심히 사시는 모습을 보이셨을까. 그랬어도 결과는 같았을 것이라고 유현목은 생각했다. 어머니는 단지 환경 때문에 생활력이 강해진 것이 아니라 독립적이고 강단 있는 성품을 타고난 분이었다. 자식을 위해 뼈를 깎는 고생을 마다 않는 성품 또한 본인이 타고난 바탕이었다. 유현목은 가끔 어머니가 오로지 자식을 위해서만 태어난 분 같다는 생각을 했다.

어머니는 유현목의 영화 현장일에 대해 항상 안타까움을 가지셨다. 유현목은 영화일로 집을 비우고 스튜디오에서 밤을 새우는 일이 흔했다. 멀리 지방 촬영이나 현장 헌팅을 가서는 아무데서나 자고 뒹굴고 하는 일이 많았다. 남들이 하지 않는 고생을 사서 하는 게 영화 현장일이지만 그 순간마다 어머니는 젊은 시절 가난과 고생의 설움에 눈물짓던 아들의 모습에 동정과 위안의 눈물을 함께 흘려주었다. 하나님에 대한 경건한 기도가 동반된 것은 물론이다. 유현목의 앞날은 잘 될 수밖에 없었다. 이런 분위기에서 어떻게 자식이 올바르게 커가지 않을 수 있단 말인가. 유현목은 자신이 영화감독으로 성공한 이면에는 절대적으로 어머니의 사랑이 있었음을 감사하게 생각했다.

한 사람의 나약한 여성이라고 어머니를 생각해 볼 수 있다. 그저 평범한 농촌 여성일 수 있다. 어린 나이에 시집와 남편의 계속되는 술주정을 참아야 했고, 그걸 이기려고 교회에 나갔고, 자식이 태어나자 책임감이 생겼다고 볼 수도 있다. 어느덧 선량한 성품은 끈기 있는 생활력으로 바뀌고, 온순한 성미는 근면하고 절약하는 알찬 힘으로 변했다. 살아있는 눈매, 내면의 의지를 보여주는 입술 선 등 그런 변화가 어머니에게 나타나기 시작했다. 아들 여덟에 딸 하나,

아홉 남매를 이끌고 대지를 굳건히 밟으신 어머니의 투쟁은 사실 그때부터 시작되었다.

영화 '바람과 함께 사라지다'에서 온갖 고생을 겪은 스칼렛 오하라는 외친다.

"이제는 더 이상 누구도 굶지 않게 하겠다. 내일은 내일의 태양이 뜬다"

유현목은 어머니 내면의 변화. 인간적인 성장 과정을 마음속 그림으로 그려낼 수 있게 되었다. 그 동기가 어디 있었으며, 그 결과가 어디로 뻗어간 것인가를 깨닫게 되었다. 그래서 두고두고 어머니의 일생에 관한 뚜렷한 관점을 세울 수 있게 되었다.

처음엔 효도를 못해드렸던 안타까운 마음뿐이었으나, 언제부턴가 유현목의 가슴에 자식을 자신의 몸처럼 생각하는 어머니의 삶이 하나의 큰 영상으로 떠올랐다. 그것은 유현목이 영화예술을 하는 인생관이 되었다. 고통에 겨운 모든 사람들을 형제처럼, 나 자신처럼 사랑하자. 그렇게 자비로운 마음으로 영화를 만들고 예술을 하자, 라고.

고향 사리원

유현목은 1925년 7월 2일 황해도 봉산군 사리원에서 태어났다. 유현목이 고향을 그리워하며 영화 '오발탄' 속에 삽입한 노래가 홍난파의 곡이다.

"나의 살던 고향은 꽃피는 산골, 복숭아꽃 살구꽃 아기 진달래"

그는 노래 속에 나오는 그런 마을에서 태어났다. 그는 3살 때의 일을 그림처럼 선명히 기억해 낸다. 엄마를 찾으며 부엌 샛문을 열고 발을 디딘 순간, 진흙으로 빚어 만든 부뚜막이 뚫어지며 활활 타오르는 장작 속으로 발이 빠진 것이다. 성인이 되었어도 그의 허벅지에는 화상의 흔적이 남아 있었다. 그 흔적을 바라볼 때마다 지난 일들이 시네마스코프*처럼 펼쳐졌다.

고향의 아름다움이란 어린 가슴에도 신비스러운 영상으로 각인되었다. 발이 빠졌던 아궁이 불길은 공포감으로

***특수 렌즈인 애너모픽 렌즈로 촬영하고 영사하는 와이드 스크린 방식의 영화**

잠재되어 유현목을 내성적 성격으로 형성시켰다. 고향의 사리원역 스피커 소리는 일제강점기 때 '샤리잉'하고 사리원의 일본식 발음으로 울렸다. 나이가 들었어도 유현목은 고향을 생각하면 제일 먼저 '샤리잉'하고 들리던 스피커 소리가 떠올랐다. 남한에서 기차역과 철로를 볼 때마다 고향 사리원역의 스피커 소리가 환청으로 들렸다. 하지만 곧 사리원역이 아닌 다른 역 간판임을 깨달으며 현실로 돌아온다. 고향, 그곳은 어딜 가든, 세월이 변하든, 그를 멈추게 했다. 과거로 살게 하는 마법 같은 대상이다. 그리고 슬픈 영상이다.

향수란 순진무구했던 어린 시절의 몫일 것이다. 5월 단오절이면 사리원은 각처에서 모인 사람들로 붐볐다. 며칠이고 씨름판과 그네타기가 계속되고, 멀리 함경도나 전라도의 내로라하는 장사들이 모여들어 전국 장사씨름대회가 열리곤 했다. 상품으로 황소나 송아지를 내걸고 힘과 묘기를 겨루곤 했다. 평소 집안에서나 맴돌던 아낙네들도 이날만큼은 그네를 타고서 하늘을 찔러댔다. 높다란 방울을 차버리면 누런 광목이 한 필 상품으로 안겨졌다. 밤이면 봉산탈춤의 풍악소리가 흥겨웠다. 사자춤이 무섭기도 했지만, 밤을 밝히는 카바이드 램프* 불빛은 신비스럽기까지 했다.

어린 유현목에게 단오절은 손꼽아 기다려지고 가슴 설레던 명절이었다. 고향의 상징인 경암산(뱃바위산) 기슭에 자리 잡은 널따란 공터에서는 구경꾼들을 위해 이층 다락을 짓느라 단오절 며칠 전부터 망치질소리가 요란해진다. 꼬마들은 한걸음에 달려가 기둥들을 봤다. 그네가 하늘 높이 세워지고, 솥가마가 올려지는 풍경을 보며 하루해를 보내곤 했다.

카바이드 램프

남산만한 크기의 경암산은 다정스러운 자태로 마을을 안고 있었다. 어린 친구들과 뛰놀던 꼭대기의 경암정에서 바라보면 백리 길 멀리 구월산의 영봉들이 아지랑이 속에서 춤을 췄다. 가을이면 그곳까지 황금파도가 일렁였다. 드넓은 벌판이 '나무리벌'이란 이름으로 알려진 재령평야다. 여기서 나오는 쌀로 먹고도 '남으리' 만큼 충분하다는 뜻이다. 그 정도의 풍요를 자랑했다.

*카바이드를 액화시켜 연소하는 휴대용 램프. 촛불보다 밝고 오래 지속되어 길을 밝히고 광산을 개발하는 현장에서도 꼭 필요한 장치였다

한여름, 나무리벌 샛강은 아이들의 천국이었다. 물속에서 하루 종일 놀다보면 내리쬐는 태양에 그을려 검은 피부가 되었다. 발가락 사이로 검은 갯조개가 끼어 잡히기도 했다. 논두렁에서 갯조개를 구워 먹는 재미로 시간 가는 줄 몰랐다. 붉은 황혼이 온누리를 물들여서야 겁먹은 채 서둘러 집에 돌아왔다. 온통 황금벌이 되는 가을이면 하늘을 뒤덮은 그 많은 메뚜기가 다 어디서 날아왔는지 신기해하며 바라다봤다.

나무리벌의 겨울은 온통 얼음 바다로 바뀐다. 나무토막에 굵은 철사를 맨 스케이트로 논두렁을 넘었다. 구월산에 간다고 달렸지만 구월산은 언제나 그 자리에 아련히 얼어붙어 있었다. 가을이면 오곡백과 무르익은 사리원은 황해도의 중심부였다. 몇 갈래 철도가 모여들고, 재령강의 운하가 있어 농어축산물의 요충지이기도 했다.

유현목의 집은 장마당 언저리에 있어서 장날이면 온갖 것이 철따라 집 앞에 산더미처럼 쌓이곤 했다. 식구들은 그것들을 사지 않고도 푸짐하게 먹을 수 있었다. 마을은 온통 과수원으로 둘러싸여 사과 생산지로도 유명했다. 황주사과는 '대구사과'와 함께 명성을 떨쳤다. 그 사과밭들 사잇길로 황주에 가면 가곡 '성불사의 밤'으로 유명한 절 성불사가 있었다. 성불사를 에워싼 울창한 숲속에서 고요함을 깨트리는 일대 교향악이 울려 퍼진다. 엄청난 매미소리였다. 그 소리가 행인들의 발길을 붙잡곤 했다. 인심 좋기로 유명한 황해도 봉산, 나무리벌에는 유달리 거지들이 많았다. 두서너 집만 동냥해도 하루 끼니를 채운다고 소문이 났다. 삼천리 팔도강산 거지들이 다 모여들었다. 마을 사람 인심 좋기로 소문난 봉산은 배고픈 시절이었지만 거지들에겐 천국이기도 했다.

세월이 흘러도 고향은 밥 짓는 냄새와 함께 어린 모습 그대로 살아있다. 다시는 갈 수 없는, 이북의 두고 온 산하이기에 더욱 절실하고 아름다울지도 모른다. 유현목이 인심 후한 고향을 마지막으로 본 것은 해방 다음해였다. 38선을 향해 달리는 차창 밖으로 정들었던 친구들, 산과 들을 밀리 흘려보냈다. 자꾸만 달아나는 철길을 바라보며 들었던 '사리원, 사리원'의 여음은 서러운 환청으로만 남았다.

유현목과 남매들

유현목은 아홉 남매 가운데 여섯 번째로 태어났다. 위로 셋은 태어나면서 다 사망했고 6남매(1녀 5남)만 생존했다. 유현목은 6남매 중 셋째로, 위로 누이 하나 형 하나, 아래로 동생 셋이 있었다. 큰누이 정순, 큰형 관순, 본인, 동생 승목, 형목, 그리고 막내 영목이다.

어머니는 위로 큰 애들 셋이 모두 죽으니 그 허망한 마음에 신심이 더욱 굳어져 기도를 열심히 했다. 그 이후 네 번째 낳은 딸이 누이 유정순(貞順, 1919년생)이다. 유현목보다 6살 위였던 누이는 경성보육학교 출신이었다. 지금은 없어졌지만 당시는 두 개의 대표적인 보육학교가 있었다. 일부는 경성보육학교로 가고, 일부는 중앙보육학교(지금의 중앙대학교 전신)로 갔다. 보육학교를 졸업하면 유치원교사로 취직을 했다.

그 다음에 다섯째 아들을 낳으셨다. 이름은 유관순(關純, 1922년생)이다. 그는 황해도 재령의 명신明信학교를 다니던 3학년 때 장질부사로 죽었다. 바로 위는 형이라 유난히 의지하고 따랐는데 일찍 죽는 바람에 유현목의 상심이 컸다. 유현목은 몇 날 며칠을 밥도 안 먹고 세상이 다 끝난 것처럼 울며 슬퍼했다고 한다.

바로 아래는 일곱 번째 승목(承穆, 1928년생)이다. 승목은 당시 평양신학교를 다니던 중에 해방을 맞이하고, 공산당이 집권하자 시작된 기독교 탄압 때문에 도망 다니는 신세가 되었다. 그 과정에서 몸이 허약해지다 보니 승목은 폐병에 걸리고 말았다. 1950년 6.25전쟁이 발발하고 사리원 과수원 집에서 요양할 때였다.

과수원이 있는 위쪽 언덕에 인민군이 호를 파고 유엔군을 사격하는 병참이 있었는데, 북한군과 유엔군과 교전이 있던 어느 날, 유엔군이 과수원 가운데 있는 집을 인민군 본부로 생각하고 집중포화를 퍼부었다. 과수원 집을 향해 정통으로 날아온 박격포에 집이 무너지며 집에 있던 아버지와 방에 누워 요양 중이던 승목이 폭사했다.

그 다음은 여덟 번째 형목(亨穆, 1932년생)이다. 유현목이 죽기 전까지 보고싶어 했고 찾아 헤맸던 동생이다. 승목과 형목 사이는 4년 터울이다. 해주예술전문학교(1946년 설립)에서 바이올린을 전공한 형목이는 졸업하던 해 6.25전쟁이 발발하자 인민군 군악대로 끌려간 이후로 살았는지 죽었는지 소식을 들을 수가 없었다. 군악대는 선무공작을 위해 전쟁터를 돌아다녔는데, 주민들이 있는 곳에 찾아가 북한을 선전하는 역할이다. 유현목은 동생 형목의 생사를 알아보기 위해 별의별 방법을 다 동원했지만 끝끝내 생사를 알 수 없었다.

그러다 한 가지 소식이 들어왔다. 전쟁이 끝나고 부산에서 서울로 올라온 1954년 무렵, 한 남파 간첩이 집에 찾아와서는 사리원에 과수원이 있지 않느냐고 물었다. 바이올린을 맨 어떤 인민군 하나가 과수원으로 와서 한참을 와서 보고 갔다고 했다. 남파 간첩의 말이 참인지 거짓인지는 알 수가 없었다. 또 세브란스의대를 다니다 자진 월북하여 김일성대학 교수를 하고 있는 이종사촌 형과 중국을 통해 연락이 닿아 형목이가 살아있냐고 물어보았지만 형목이 생존해 있지 않다고 말했다.

해주예술학교 나오고 인민군에 갔었던 친구를 통해 인민군악대를 태운 트럭 세 대가 폭격에 몽땅 몰살당했다는 이야기도 들었다. 형목이 소식은 그 이후로 무슨 방법을 써도 알 수가 없었다.

아홉 번째이자 막내 동생인 유영목(1935년생)은 2022년

현재 생존해 있다. 유현목과는 꼭 10살 차이가 난다. 어머니와 같이 남하하여 신학을 공부했지만 사업가로 살았던 막내동생 영목. 장례식장에서 처음 보았고, 이후 1주기, 2주기 때 봤다가 한동안 뜸했었다. 이 글을 쓰기 위해 오랜만에 만나 유현목 감독의 기억을 더듬었다.

2장

어린 시절
(1925~1938)

어린 시절
(1925~1938)

어린 시절과 성격

유현목은 어릴적 부엌 아궁이쪽으로 떨어져서 화상을 입었는데 이후 성격이 내성적으로 변했다고 한다. 매사에 공포감이 생긴 것이다.

유치원 시절. 선생님이 인형을 바닥에 놓고 동그랗게 둘러서서 맴을 돌다가 점프를 하며 인형을 뛰어넘는 놀이를 시켰다. 어린 유현목은 언제나 그 인형 앞에서 머뭇거리며 뛰어넘지 못했다. 친구들이 하나씩 점프를 해 넘는데 유현목만은 하지 못했다. 그러면 사나운 시골 선생님은 애들 앞에서 본보기로 종아리를 때렸다. 그래도 유현목은 도저히 넘을 수 없다고 말했다. 숨을 쉬지 않는 인형일지언정 넘어

갈 수가 없었다는 것이다. 겁에 질린 유현목은 그 무서운 짓을 그만두기로 했다. 이후 현목은 유치원을 가지 않았다. 아버지는 현목의 손을 잡아끌고 억지로 데려갔지만, 유현목은 손을 뿌리치면서 땅바닥에 주저앉아 고집스럽게 가지 않았다. 그 고집이 평생을 갔다. 그 어려운 영화판에서 작품을 할 수 있었던 저력이 되었다. 유현목은 하고 싶은 일은 목숨을 걸고 하는 스타일이다.

초등학교 시절

1933년 유현목은 덕성보통학교에 입학한다. 그가 다닌 보통학교는 겨우 여섯 학급 밖에 없는 기와집이었다. 여름철이면 나무그늘에 쪼그리고 앉아 매미 우는 소리를 들었다. 겨울철이면 텅 빈 교실에 혼자 남아 장작 타는 소리를 듣는 것이 그렇게 정겨울 수 없었다.

지주 집안에서 9남매 중 다섯 번째 아들로 태어난 그는 어머니 손에 이끌려 예배당을 다녔다. 그곳에서 찬송가를 부르는 것이 무척 좋았다. 특히 추수감사절이나 크리스

1939년 황해도 사리원 덕성보통학교 졸업. 앞줄 왼쪽에서 세 번째가 유현목 감독

마스이브에 벌어지는 성극과 아동극은 그를 사로잡았기에 앞자리를 찾아 앉았다. 언젠가는 나도 저 무대 위에 오르는 날이 있으리라, 이런 상상 속에서 말이다.

집에는 비어있는 창고가 있었다. 그 공간은 그로 하여금 연극(아동극)을 하고 싶은 유혹에 사로잡히게 했다. 그곳에서 동네 아이들을 모아놓고 극본도 쓰고 연습을 하는 등 시간을 보내다 보니, 남에게 보이고 싶다는 생각도 갖게 되었다. 그것을 실천에 옮겨 성냥갑 한 개를 입장료로 받아 공연을 보여주고, 모인 성냥갑은 되팔아서 엿가락을 사먹었다.

가끔은 아버지와 함께 영화를 구경했지만 그것으로는 성이 차지 않았다. 영화를 보기 위해 저금통을 깨거나 하루 종일 울음보를 터트려 구경값을 얻어냈다. 그것도 안 되면 극장 옆 개구멍으로 들어가기도 했다. 물론 들켜서 얻어맞고 울상이 되어 돌아오는 날도 한 두 번이 아니었다.

유현목은 수재들만 간다는 경기중학교를 가기위해 열심히 공부했다. 돈은 잘 버셨으나 음식이나 옷 만드는 재간은 없으셨던 어머니는 밤새 공부하느라고 코피를 줄줄 흘리는 유 감독에게 먹을 거 사먹으라고 돈을 두둑이 주셨다.

3장

휘문중학 시절
(1939~1944)

휘문중학 시절
(1939~1944)

　1939년 2차 세계대전이 터질 무렵, 사리원에서 혼자 서울로 내려온 온 유현목은 경기중학교를 떨어지고, 서울의 명문사립 휘문중학교에 합격했다. 당시 휘문중학은 지금의 중학교 과정, 고등학교 과정을 다 이수하는 5년제 시스템이었다. 사리원 시골에서 덕성보통학교를 다니다가 서울의 사학명문 휘문을 다닌다는 것은 자부심을 가져도 될 만큼 큰 일이었다.
　혼자 유학 와서 지내던 서울의 하숙집은 너무나 고요했다. 평소에도 말수가 없던 성격 탓인지 친구도 없이 혼자 하숙방에 틀어박혀 지내는 날이 많았다. 유현목은 1, 2학년까지 과학을 좋아해서 어머니가 먹을 거 사먹으라고 준 돈을 아껴 과학 도구들을 사서 실험에 몰두했다. 무료한 나날

휘문중학교 1학년 시절의 유현목 감독(오른쪽)

을 이기지 못한 그는 하숙집의 성한 자전거를 청소하는 척하면서 뜯었다가 다시 조립하는 그 재미로 무료함을 메우며 보냈다.

　어렸을 적 고향에서도 썰매를 만들거나 통나무를 잘라 수레바퀴를 만들어 어린 동생들을 태워 돌아다니기도 했었다. 하루는 축음기를 뜯어고친 적도 있었다. 내부의 태엽이 튀어나와 살갗을 찢었고 그 흉터가 일생 없어지지 않고 남아있어 그날을 기억하게 했다.

하숙방에는 차츰 거리에서 주워 모은 쇠붙이와 나무 토막이 널려지고, 고물상에서 사들인 작은 공구들로 작은 공작소가 되어가고 있었다. 모형 전기모터는 제법 돌기 시작했다. 광석으로 만든 트랜지스터 라디오도 조립해보면 무슨 소린가가 들리는 듯한 지경에 이르렀다. 그는 발명왕 토머스 에디슨처럼 과학자가 되기로 마음을 굳히고는 『에디슨 전기』를 몇 번이고 되풀이해서 읽었다. 에디슨 이야기는 아무리 읽어도 싫증이 나지 않았을 뿐만 아니라 오히려 격려의 힘을 북돋아 주었다. 소년과학 잡지가 그때 유행이었는데 그 책들을 사보는데 열중했다. 과학책이 얼마나 많았는지 곳간의 한 벽을 차지할 정도였다. 그의 방에는 항상 어린이 과학 잡지와 그런 류의 헌 책들이 천장까지 차 있었다. 정말 공부밖에 모르는 학생이었다.

휘문중학교 2학년 때, 축농증이 심해져서 휴학을 했다. 기대하지 않았는데 학교에서 쉽게 허락을 받아냈다. 때마침 담임선생님 아들이 만성 중이염을 앓다가 뇌손상으로 사망해서 그랬는지 선생님은 겁을 내시며 휴학계를 선뜻 받아주셨다. 이처럼 몸이 쇠약했던 중학시절. 그는 언제나 외톨이였다. 젊음이 뛰노는 운동장 한 구석 그늘아래 외로이

서있었다. 그에게는 책만이 유일한 벗이었다. 특별히 문학을 지향한 것도 아니었지만 그저 내성적인 성격 탓에 문학에 몰두했었다.

한편으로 방학 때마다 고향으로 달리는 기차간에서 그는 마음껏 무엇이든 만들어 보겠다는 부푼 가슴으로 설레었다. 흐르는 차창 밖은 너무나 아름다워 보였다. 그가 만든 모형 모터보트는 냇물을 가르고, 글라이더는 푸른 하늘을 날아다녔다. 그는 과학자가 된 양 꿈에 부풀어 즐거운 나날을 보냈다. 그러나 책과 과학에 몰두해 있던 정열 때문에 몸이 허약해졌다. 천식에 심지어 만성기관지염까지 앓고 있어 폐도 나빠졌다. 그는 요양을 위해 다시 휴학하게 된다. 뭔가를 만드는 광기는 차츰 쇠퇴해 갔다. 그 자리를 메운 것은 허무와 우울이었다.

센티멘털의 계절, 고독의 가을. 그의 고향에는 아름다운 산과 들이 펼쳐져 있었다. 도화지와 수채화 도구를 멘 채 어머니처럼 기다리고 있는 자연을 고독과 함께 헤매곤 했다. 책방에서 그림책들을 사 모으며 미술가가 되기로 마음을 굳혔다. 어릴 때 태양빛에 그을려가며 물장구치고 놀던 물가 언저리에는 개흙과 점토들이 많았다. 그는 그것을 반

죽해 조각품을 만들었다. 그 장난이 진짜 작품을 만드는 일로 바뀌었다. 영화필름을 손에 쥐고 이어붙이고 자르는 일을 하게 될 줄이야.

유씨 집안은 음악에 소질이 있었다. 집에는 누이가 듣는 명곡 레코드판이 많았는데, 하루는 슈만의 바이올린곡 '트로이메라이'를 듣던 유현목은 내장을 쥐어짜는 듯한 슬프고 아름다운 멜로디에 도취되기도 했었다.
축농증으로 휴학을 했을 무렵, 그의 취미는 과학에서 음악으로 변하게 된다. 처음엔 기타나 아코디언에 손댔다. 나중엔 클래식을 해야겠다고 생각하여 바이올린에 몰두하게 된다. 당시 스즈키 7호는 고급 바이올린이었다. 그는 어머니를 졸라서 엄청 비싼 명품 바이올린 스즈키 7호를 구입했다. 지금까지도 스즈키 바이올린의 명성은 여전하니, 당시 스즈키 바이올린이 어느 정도였을지 짐작이 되고도 남음이다. 휴학하면서 건강을 다시 회복한 그는 이번엔 음악가가 되고 싶은 꿈을 품었다. 복학하기 위해 서울로 온 유현목의 손에는 바이올린이 들려있었다. 하지만 서투른 연습곡은 소음이 되어 하숙집에서 쫓겨났다. 그것도 한두 번이 아니라 몇 번이고 옮겨 다녀야만 했다. 결국 그는 음악의 길을 포기해야 했다. 음악이 어디 하루아침에 성취될 대상이던가.

조택원(1907~1976)
한국 신무용이 형성되는데 많은
영향을 준 한국 초기의 무용가

이삿짐 옮기기도 지겨워질 무렵, 학교에서 단체로 '조택원 무용발표회'에 갈 기회가 있었다. 휘문고보 출신 선배인 조택원은 당시 식민지 조선에 현대무용을 도입한 최초의 인물이었다.

식민지 시대 조선무용에서 남성은 조택원, 여성은 최승희가 대표적인 스타였다. 그런 유명한 무용가의 작품을 봤으니 당연히 감동 받을만 했다. 예술에 민감했던 유현목은 이번엔 무용의 매력에 빠졌다. 육체의 황홀한 선율, 그는 막이 내리고서도 한참동안 자리에서 일어서지 못했다. 머릿속에는 강한 여운으로 육체의 선율이 계속되고 있었다. 텅 빈 의자들도 춤을 추는 듯 싶었다. 무용가가 되기로 다짐하고 당시 그리 많지 않은 무용연구소를 맴돌았다. 그러나 피골이

상접해 보이는 모습 때문인지 번번이 거절당하고 말았다.
　그는 위축된 나머지 사람들 만나는 걸 기피하고 다시 혼자가 됐다. 그는 소설을 닥치는 대로 읽고 내키는 대로 노트에다 긁적거렸다. 방학 때 누나는 그가 쓴 소설을 훔쳐보곤 대뜸 말했다.

"너는 소설가가 되어도 좋겠다"

　그는 누님의 말에 우쭐해졌다. 다시 그의 소망은 소설가로 바뀌었다. 그러나 당장 소설가로 나가기엔 꺼려졌다. 중학교 졸업이라는 관문이 놓여있는 졸업반 5학년이었다. 상급학교 진학을 생각해야 할 처지라 소설가의 꿈을 유보할 수밖에 없었다.
　앞날이 창창했던 청년 유현목은 검은 구름이 낀 것 같은 미래를 두고 고민했다. 상급학교인 전문학교(현재의 4년제 대학)에 진학해도 조선인들은 학병에 끌려가 일본천황을 위해 싸우다가 허망하게 연합국의 총알받이가 되는 시절이었다. 일제강점기 말기였고 일본은 1937년 청일전쟁을 시작으로 여세를 몰아 아시아를 손아귀에 넣으려는 2차 대전 중이었다. 이른바 대동아전쟁의 막바지인 1944년 겨울, 조선인 징병 제2기생이었던 그는 신체검사에서 다행히 불합격되었다. 전쟁터와는 멀어지는 행운을 맞이하게 된 것이다. 그는 졸업장을 쥐고 고향으로 내려가 세무서 임시 고용원으로 취직 했다. 하지만 숫자놀음만 하는 행정직이 천성에 맞지 않아 곧 그만두었다.

사리원 집은 넓은 공설시장 가장 자리에 걸쳐 있었다. 유현목은 그 집을 개조해 현대식 상점으로 만들어 평생 상인으로 지내려는 생각도 잠시 했었다. 현대식 구조의 상점을 위해 밤새도록 설계도를 그렸다. 미래를 꿈꾸는 일은 재미가 있었다. 가까운 평양을 드나들면서 헌책방에서 건축 잡지를 탐독하기 시작했다. 서구 근대를 그대로 갖다 놓은 듯한 도시 동경 긴자의 멋진 사진, 파리, 뉴욕, 런던 등을 참고했다. 그는 켄트지와 설계자, 막대기들을 사면서 건축미술가의 꿈을 꾸었다.

사리원에서 서울로 돌아온 뒤 유현목은 중학 졸업을 앞두고 일제강점기의 마지막을 서울에서 보냈다. 서울은 시베리아 눈보라 속에 홀로 선 것처럼 어둡고 스산했다. 전문학교에 진학한다는 것은 학병으로 끌려가는 것을 의미했고,

취직해 돈을 버는 일은 희망이 없는 것처럼 보였다. 어찌해야 할지 막막했다.

전쟁은 끝이 보이지 않았고, 죄어드는 질식감에 몸이 폭발하지 않으면 안 될 지경이 되자 괴팍한 내성적 성격이 한계에 이르렀다. 암울한 분위기 속에서 그의 영혼에 섬광처럼 다가온 것은 도스토예프스키의 소설『죄와 벌』이었다.

간질병으로 평생을 괴로워했고 사형대까지 올랐던 도스토예프스키가 써내려간 죽음의 깊은 골짜기, 생지옥과 같은 시베리아의 감옥 생활, 악몽같은 공포의 신음소리로 가득찬 문장은 유현목에게 그대로 용해되었다. 그의 영혼과 공명하면서, 어둡지만 자유로운 공상의 날개를 펴는 듯 싶었다. 도스토예프스키의 심리 묘사는 소름끼칠 만큼 심오했다. 그의 예리한 관찰력은 사회의 암흑과 죄악의 비밀스러움을 파헤쳤다. 그 속에 숨어 있는 한 가닥 밝은 빛도 감지되었다. 유현목은『죄와 벌』을 읽는 동안 주인공 라스콜리니코프의 이상심리 속에 한없이 빠져들어 갔다. 그도 유현목처럼 가난한 대학생이었고, 미래의 희망이 보이지 않는 청년이었기 때문이다. 청년 유현목은 머릿속으로 가상의 연극 속 주인공 라스콜리니코프 역을 맡아 열연하는 환상에 젖었다.

유현목은 음악뿐 아니라 소설, 극작에도 심취했다. 그런데 교회는 바로 그 모든 걸 할 수 있는 공간이었다. 교회는 다시 신자들로 붐볐고, 유현목은 극본, 연출, 주연으로 교회 연극의 기쁨을 만끽하면서 극작가의 길을 꿈꾸었다. 교회에서의 연극 경험은 그를 종합예술이라 할 수 있는 '영화'로 이끈 도화선이 되었다. 그렇게 될 줄은 그때 당시 몰랐지만.

4장

동국대 입학과
영화계 입문
(1945~1954)

동국대 입학과
영화계 입문
(1945~1954)

서울로 온 사연

　유현목은 1945년 8월 15일 사리원에서 해방을 맞았다. 해방 이후 사리원시에선 일본군 헌병대를 접수하고, 20대 초반의 청년들을 중심으로 하는 자치원을 만들어 치안을 담당하도록 했다. 유현목은 당시 공부를 잘한다는 소문이 나서 자치대원으로 추천되었다. 때마침 소련군이 북한에 진주하며 담요와 식빵을 옆에 낀 채 거지떼처럼 몰려 들어왔다. 소련군은 나름 북한에서 해방군이라는 이미지로 기대를 모으고 있었는데, 마치 거지떼와도 같은 게걸스런 몰골들을 본 유현목은 그날 밤으로 이곳을 떠나 서울로 가야겠다는 단호한 결정을 내린다.

유현목이 꼭 목사가 되기를 바랬던 어머니의 기도가 인도한 것인지, 유현목은 서울의 신학교를 향해 집을 떠난다. 서울에 도착하자마자 감리교 신학교에 원서를 냈지만 영어시험 때문에 낙방하고 말았다. 아쉬운 마음에 외갓집의 누군가가 배재학당을 만든 아펜젤러 박사를 잘 안다기에 찾아가 연희전문학교 신학과에 편입을 간청했다. 다행히도 아펜젤러는 연희전문 백낙준 교장에게 유현목을 입학시키라는 글을 써주었다. 미국 사람의 사인은 보증수표였기 때문에 입학은 다 된 거라고 생각했던 유현목은 기분이 너무 좋아 하루 종일 전차만 타고 돌아다니며 싱글거렸다. 그런데 뒤늦게 그 추천서와 명함이 없어진 사실을 발견했다. 윗주머니에 넣어 둔 것이 없어진 것이다. 다른 메모지들은 있었는데 거짓말처럼 그것 한 장만 없어졌다. 그렇다고 아펜젤러 박사를 다시 찾아가기도 쑥스러웠다. 유현복은 하나님의 섭리로 생각하고 포기했다. 하나님이 자신을 목사 자격 없는 놈으로 계시하신 것이라 생각했다. 이렇게 유현목의 신학교행은 좌절되었다.

해방 직후 1946년도였다. 어머니께서 서울에 있는 유현목에게 배편으로 생활비를 보냈는데 받지 못했다. 배가 해적들에게 잡혀 돈을 다 뺏겼다고 하면서 뱃사람이 돈을 떼먹은 것이었다. 그 후로도 배편을 통해 어머니가 보낸 돈은 다 떼이고, 유현목은 어머니께서 돈을 보낸 족족 받지 못하니 경제적으로 어려움에 처했다. 하지만 평화당 인쇄소를 운영하며 잘 사는 외삼촌에겐 조금도 손을 벌리지 않고 오기로 버텼다.

사리원에서 기차를 타고 서울로 향하던 어머니와 막내 동생 영목은 어찌된 영문인지 대전에서 내려 배를 타고 엉뚱하게 목포에 떨어졌다. 목포에 머물고 있던 어느 날 새벽녘, 종소리를 듣고 찾아간 교회에서 사리원에서 알고 지내던 목사를 우연히 만났다. 목포교회 담당 목사로 와있던 목사는 어머니를 몹시 반가워하며 마침 비어있던 교회 사옥에 어머니와 영목을 들어와 살 수 있도록 해주었다. 어머니가 사리원 교회에 기부도 많이 하고 여러모로 많은 도움을 주었기에, 목사는 그 빚을 갚는 마음으로 정말 잘 대해 주었다.

그 다음해인 1947년 유현목이 마침내 그곳을 찾아와 어머니, 동생과 극적인 상봉을 한다. 그런데 유 감독이 목포에 오게 된 사연도 기구했다.

좌익으로 몰려 모진 고문을 당하다

안국동 평화당 인쇄소 근처 여관에 기거하며 정창화 감독의 '최후의 유혹' 콘티(연출 대본) 작업을 하고 있었던 유현목이 책과 이불을 가지러 이모 집으로 갔을 때였다. 마침 그곳에는 경찰들이 몰려와 '부역자' 집안이라며 이모 가족들을 몰아세우고 있었는데, 세브란스의대 졸업반으로 좌익 활동을 하던 이종사촌형 때문이었다.

경찰들은 집에 들어서는 유현목을 조카라고 하자 "너도 같은 좌익이군!"하며 끌고 갔다. 경찰에게 끌려간 유현목은 영문도 모른채 엄청 두들겨 맞고, 좌익으로 몰려 잡혀온 자들과 함께 LST함선*을 타고 제주도로 끌려갔다. 제주

LST함선

*Landing Ship Tank, 탱크나 소형 상륙정들을 싣고 다니다가 직접 해안에 상륙할 수 있는 1세대 대형 수송함

도착 후에는 좌익으로 끌려온 사람들로 부대를 만들어 모슬포 근처에서 머물게 했는데, 그 시절 유현목은 쌀 배급을 타러 갈 때마다 제주도의 동백꽃을 바라보며 한없는 설움을 달랬다고 한다.

유현목의 제주 생활은 미 해군이 제주도에 들어오면서 어이없게 끝이 났다. 미 해군 장교가 오합지졸과 다름없어 보이는 이 부대의 해산을 명령했기 때문이었다. 제주도 생활이 끝날 무렵, 어머니와 영목이 목포에 피란 나와 있다는 소식을 들었던 유현목은 바로 배를 타고 목포로 향했다. 이것이 유현목이 목포로 와 어머니와 영목과 상봉한 사연이었다.

『죄와 벌』에 심취했던 동국대학교 시절

1945년 해방된 서울은 우리말을 되찾은 연극들이 좌·우로 갈려 치열하게 이념의 불을 뿜고 있었다. 그러나 유현목은 이념과는 상관없이 모든 연극을 봤다. 연극 연습실 한 구석에서 하루 종일 지켜보아도 지루하지 않고 즐겁기만 했다.

이듬해 동국대학교 국문과에 입학한 유현목은 희곡문학을 전공해 극작가가 되기를 희망했다. 교회에서 성극을 연출해본 경험도 있어서 아무래도 극작가가 제격인 듯싶었다. 해방 후, 프랑스, 미국 등지의 영화들이 들어오면서 명작의 향연이 펼쳐지자 유현목은 감동의 연속이었다.

무엇보다 소설로만 읽었던 피에르 슈날Pierre Chenal 감독, 피에르 블랑샤르Pierre Blanchar 주연의 프랑스영화 '죄와 벌 Crime et Châtiment'(1936)을 볼 수 있다는 사실이 유현목을 흥분시켰다. 마침내 보게 된 영화 '죄와 벌'의 감동은 예상보다 더 컸다. 소설을 읽을 때와는 또 다른 영화만의 매력에 흠뻑 빠졌다.

그는 영화가 끝난 후에도 한참농안 의자에서 일어날 수 없었다. 멍해지며 머릿속이 비고 온몸의 힘이 다 빠져버린 듯 했다. 그는 이후 '죄와 벌' 영화를

프랑스 영화 '죄와 벌' 포스터

상영하는 곳이면 어디든 찾아가 몇 번이고 영화를 다시 봤다. 그렇게 본 횟수가 무려 14회. 마지막 열네 번째는 학질에 걸려 열이 40도 가까이 올랐을 때였다. 친구의 부축을 받아가며 찾아가 볼 만큼 '죄와 벌'에 미쳐있었다. 흑백영화 특유의 회색 공간 속에서 움직이는 주인공의 어둡고 섬세한 연기는 그가 환상으로 품었던 라스콜리니코프의 바로 그 모습이었다. 피에르 슈날 감독의 뛰어난 영상 처리는 소설과는 다른 차원에서 '영화란 무엇인가'라는 근본적인 질문을 거듭하게 했다.

피에르 슈날 Pierre Chenal 감독

이 한 편의 소설, 이 한 편의 영화는 그의 전 생애를 지배하고 말았다. '오발탄', '잉여인간', '막차로 온 손님들', '사람의 아들' 등의 어두운 톤은 그에게 '어두운 영화감독'이란 대명사를 안겨주기도 했는데, 그게 다 '죄와 벌'의 영향이 아닌가 싶다. 중학생 시절, 도스토예프스키의 『죄와 벌』을 읽고 주인공 라스콜리니코프의 시베리아의 삭풍처럼 스산한 어두운 색깔을 좋아했었다. 온통 회색의 영화 '죄와 벌'이 바로 그 색조였다. 머릿속에서 상상으로만 그리던 느낌을 시각적으로 표현해 내는 영화의 세계가 그를 압도하기 시작했다.

생활고에 시달렸던 동국대 시절

해방 직후 북한에서는 종종 전기를 끊었다. 함경도에 전기 시설이 있었기 때문에 남한에서는 북한이 전기를 끊으면 암흑천지가 되어 호롱불을 켜야 했다. 유현목은 그 시절 호롱이나 비누를 팔아 그 돈으로 생활비도 하고 학비도 댔다. 평화당 인쇄소를 운영했던 외삼촌 이근택은 화신백화점 주인 박흥식과 더불어 일제에 비행기를 헌납할 정도로 부자였던 친일파였다. 그러나 조카 유현목은 전혀 돌봐주지 않았다. 유현목도 의존할 생각이 없었다. 간혹 밤늦게 그 집에라도 가면 외삼촌의 장모가 밥 없다고 괄시하기 일쑤였다. 유현목 감독의 아내 박근자 여사가 훗날 시어머니에게 그 얘기를 전하자 어머니는 몹시 속상해 하셨다. 너무 배가 고픈 날은 어느 시장 할머니에게 들은 대로 소금물을 마셔 허기를 달랬다. 그렇게 배를 곯으면서도 도서관에 가서 책을 보고 극장에 가서 부지런히 영화를 봤다.

훗날 동국대학교 면접 시험장에서 유현목 감독은 수험생들에게 무슨 책 읽었냐고 물어보곤 했는데, 학생들이 읽은 책이 별로 없다고 답변하면 "다리가 부러져서 책 못 읽었나?"라고 농담으로 핀잔을 주곤 했다. 다리가 부러지지 않고는 책을 한시도 놓지 말아야 한다는 생각이 뇌리에 있었기 때문이다. 본인이 대학시절 그걸 몸으로 실천했던 경험 때문이리라.

영화계 조감독 입문

유현목은 지체없이 시나리오 작가 지망생으로 전환했다. 국립도서관에서 열린 시나리오 강좌에 오영진, 최금동, 백철 선생 등 당시 기라성 같은 문인들이 강좌를 맡고 있어 여름방학이면 강좌를 들으러 다녔다. 강의 시간에 들은 "시나리오 작가는 촬영현장 체험이 중요하다"라는 말이 특히 가슴에 와 닿은 유현목은 강의가 끝나면 촬영현장 체험을 위해 최인규 감독의 '자유만세', '죄 없는 죄인' 촬영현장을 찾아다녔다.

어느 날 조정호 감독의 영화 '김상옥 혈사'의 배우 모집 신문광고를 발견한 유현목은 현장 경험을 위해 엑스트라라도 해보려고 지원서를 냈다. 실기 구두시험에서 조정호 감독은 얼굴이 못생겨서 배우는 못하겠다며, 대신 필답시험이 유일하게 만점이니 조감독 일을 해보는게 어떻겠냐고 의향을 물었다. 유현목은 도서관과 헌책방에서 영화 관련 서적을 10여 권 정도 독파했을 뿐인데 만점이란 말과 조감독을 맡아보라는 제안에 깜짝 놀라 투박한 검은 안경이 떨어질 정도로 90도 각도로 인사를 했다.

그 작품은 자금난으로 이리저리 밀리다가 결국 성사되지는 못했지만 영화 현장의 여러 사람들을 사귈 수 있는 좋은 기회였다, 그게 계기가 되어 무성영화였던 임운학 감독의 '홍차기의 일생'에 조감독 겸 출연도 할 수 있었다. 어느덧 자질구레한 현장의 일과 영화제작의 전모를 어렴풋이 알 것 같은 단계에 왔다. 그는 영화감독의 일이란 무엇인지에 대해 진지하게 고민했다.

결론은 영화는 종합예술이라는 것이었다. 문학, 미

술, 음악, 무용, 건축, 연극과 같은 자매 예술들의 집합체였다. 아니 그들의 유기적 결합에 의한 종합예술인 것이다. 이것을 종합적으로 구사하는 사람이 바로 영화감독이다. 그는 감독이 산과 들, 바다와 도시를 누비며, 스크린 위에 자연과 인생, 사회와 역사, 그리고 우주를 채색하며 창조하는 장본인임을 자각했다. 어린 시절부터 문학, 음악, 건축, 미술, 무용 등 모든 예술을 섭렵했던 유 감독의 성향을 한 마디로 잘 정리해 주는 묘한 해석이었다.

그의 뇌리에는 한 폭의 수채화 같은 어린 시절의 산과 들, 바이올린 때문에 쫓겨났던 하숙집과 그 주인들, 인생도 춤추고 자연도 춤추는 그 선율, 소설이랍시고 우쭐대던 때의 깊은 밤들, 상점을 멋지게 꾸며보려던 켄트지와 고무지우개들, 성냥갑과 엿가락을 바꾸어 먹던 하얗고 어린 입들, 크리스마스가 기다려지던 아마추어 연극들… 이 모든 일들이 몇 번이고 영상처럼 스쳐지나가며 떠올랐다.

알고 보니 그 모든 경험들은 영화감독이 되기 위해 필요했다. 그 모든 것들에 매료되었던 지난 시절은 영화감독을 위한 필연적인 과정이었던 것이다. 그 모든 것을 다 해볼 수 있는 매력적인 직업이 영화감독이었다는 것을 새삼 깨달았다. 또한 근대 과학기술의 산물인 영화매체는 그 메커니즘의 발달에 따라 놀라운 볼거리를 안겨주었다. 미래 과학기술은 영화적 표현의 영역을 넓혀줄 가능성을 향해 무한히 발전해오고 있었다. 가장 미래지향적이고 매력적인 예술을 잘 선택했다는 믿음이 생겼다.

발명왕 토머스 에디슨을 닮으려 했던 지난 어린 시절, 공과대학으로 진급하려던 꿈들, 영화 기계들을 보면서 유현목은 이제 종착역 플랫폼으로 들어선 것을 느꼈다. 더 이상의 예술적 모색도 방황도 없다. 영화감독으로 정착하고 만 것이다.

최초의 학생 영화 '해풍'

지금은 대학생이 찍는 단편영화가 해마다 수 백편이 나올 정도로 흔해졌지만 해방 이후 1940년대만 해도 학생 영화라는 현실은 존재하지 않았다. 이 땅에 처음으로 학생 영화가 시작된 것은 유현목이 동국대학교에서 만든 '해풍'이다.

해방과 더불어 제일 먼저 귀환한 것은 연극이었다. 해

방의 열기에 정비례했던 연극의 체온은 연극을 사랑하는 대학생들을 끓게 했다. 한편 해방의 물결은 영화의 해빙도 몰고 왔다. 금기의 명화들이 쏟아지며 대학생들을 설레게 했다. 1948년 동국대학교 국문과 재학시절, 대학생 유현목은 '영화예술연구회'를 창설하고, 학생 최초로 '해풍'이란 영화를 만들었다.

'해풍'은 가난한 어촌에서 풍파에 아버지를 잃고 미치광이가 된 젊은 아들의 이야기다. 그것이 배우로서 그의 데

1947년 동국대학교 국문과 재학 중에 만든 학생시절 영화 '해풍'

뷔작이며 마지막이었던 셈이다. 이후 그의 영화세계에서 그는 다른 감독들처럼 자기 영화에 카메오로 출연하는 일이 없었다.

유명한 모더니즘 시인 김기림이 지도교수였고, 당시 허윤 학장이 영화예술에 대한 애정을 기울이며 학생들을 격려했다. 유현목을 위시한 학생들은 자신감을 갖고 열심히 일을 했다. 그러나 제작 과정은 난관의 연속이었다. 학교 지원금으로는 제작비 충당이 어려워 툭하면 학장에게 몰려가서 읍소하는 해프닝을 몇 번이고 해야 했다. 회원들의 시계는 있는대로 팔아야 했고, 번질한 구두는 언제든지 싸구려 일본 군화와 바꿔 차액을 돈으로 받아야 했다. 굶어가며 사두었던 책들도 돈으로 바꿔버려 이미 없어진지 오래였다. 가난하지만 발랄했고, 신선하고 당돌한 에너지로 드디어 '해풍'이란 작품이 만들어지게 되었다.

당시 한국영화계는 간간히 무성영화를 만들었다. 대담하게도 학생들은 유성(토키)*으로 45분짜리 작품을 완성했

*화면과 소리가 결합된 영화를 '유성有聲영화'라고 하며, '말하는 그림talking pictures'이라는 의미로 '토키talkie'라고 불렀다

다. 당시 신문기사에는 영화과가 없는 대학에서 학생영화로 토키 대작을 만든 것이 동양에서도 드문 일이라고 대서특필 되었다. 이처럼 저돌적이며 어리석은 짓들을 처음부터 끝까지 지켜보던 자칭 국보 양주동 선생은 크게 격려해 줬다.

"배짱 하나는 컸군. 내 막걸리 한 잔 사지"

막걸리를 얼큰히 마신 후 유현목은 사지가 지구 속으로 침몰하는 듯한 황홀한 무력감을 가누지 못했다. 하지만 그 출발은 나쁘지 않았다. 선무당이 사람 잡는 모험이었지만 이후 유현목이 대가로 성장하는데 있어서 반드시 필요했던 관문 하나를 무사히 넘겼던 의미 있는 출발이었다.

이규환 감독 밑에서 마지막 조감독 수업

유현목의 조감독 생활은 대학 수업과 겹쳤지만 1947년경의 우리나라는 연간 10편 내외 정도의 영화만 제작되는 형편이어서 그리 바쁘지는 않았다. '영화광' 소리를 듣는 것은 학도로서 당연한 것이었다. 영화광답게 영화들을 빼놓지 않고 보려는 집념으로 극장을 자주 출입했다. 당시 마음씨 착한 매표원들은 그의 얼굴을 알아보고는 공짜로 입장시켜 주기도 했다.

한 번 입장하면 세 번쯤은 계속해 보아야 직성이 풀렸다. 어둠속에서도 노트를 펴들고 공부가 될 만한 것을 기록하며 보기 때문이었다. 밤에는 그것들을 차분히 되새기며 정리해 옮겨 쓰는 것이 무척이나 즐겁기도 했지만 꽤나 체계적으로 공부하는 방편이기도 했다. 이러는 동안 영화 예술의 형태가 무엇인지 차츰 그 윤곽을 잡으며 어렴풋이 영화의 기교를 체득하게 되었다. 그러나 촬영현장에서 목격되는 것과 달리 당시 한국영화들은 오직 스토리 전달에만 급급하다는 사실에 실망했다. 어떤 상황들을 형상화하는 표현 수단들을 도외시하는 경향이 몹시 불만스럽게 느껴졌다.

사람들은 영화가 종합예술이라고 입버릇처럼 떠들기는 했지만 극소수를 제외하곤 대부분 종합예술성을 제대로 표현하지 못했다. 유현목은 그 점이 가장 못마땅했다. 문학, 미술, 음악, 무용, 건축, 연극의 유기적 종합체인 영화의 포괄적 기능은 바로 자신이 걸어온 길이기도 했다. 그걸 인식

시키려면 좋은 영화를 꾸준히 만들어 관객들에게 입증해 보여야 한다는 생각을 하게 된다. 여러 감독들 밑에서 감독 수업을 받던 중 마지막을 장식한 감독은 이규환 감독이었다.

한국영화사 초창기 무성영화시대의 두 걸출한 영화감독을 논할 때 반드시 등장하는 감독은 '아리랑'(1926)의 나운규 감독, '임자 없는 나룻배'(1932)의 이규환 감독이다. 둘 다 일제에 대한 저항 정신을 암시적으로, 상징적으로 표출하려 한 항일적 작가 의식으로 숭앙을 받는다. 나운규 감독의 표현 스타일은 직관적이면서도 격동적인 행동을 통해 관객 대중에 대한 호소력을 강조한다. 이규환 감독은 내면 사상을 깊이 관조하며 보다 정서적이고 낭만적인 시의 세계로 끌어들이는 특징을 보인다.

인간을 존중하고 생명을 찬미하고, 시대적 조류에 저항했던 이규환. 그의 작가 정신은 한국영화사에 처음으로 시정신을 부르짖은 휴머니스트로 기록된다. 그는 한 마디로 한국영화의 시인이었다. 영화시인으로서 이규환 감독은 민족의 정서를 은둔적으로 표현한 전통주의 예술파 감독이라고 평자들은 입을 모았다. '임자 없는 나룻배' 이후로 초기

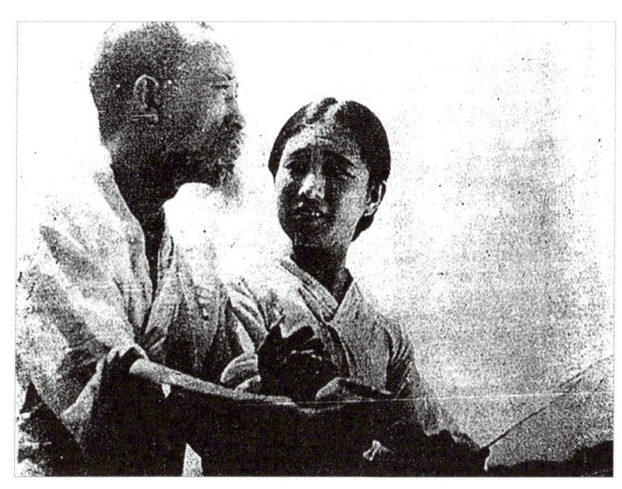

**대표적인 사실주의 영화로 손꼽히는 이규환 감독의 첫 번째 영화
'임자없는 나룻배'(1932)**

발성 영화의 백미라고 하는 '나그네', 해방 후의 '갈매기', '춘향전' 등 향토색 짙은 시적 상징성을 여운으로 남겼다.

유현목의 마지막 조감독 수업은 바로 그 이규환 감독 밑에서였다. 기대와는 달리 이규환 감독 슬하의 아이러니하게도 예술이나 시적 분위기와는 거리가 먼, 일종의 고난스러운 훈련소 같은 곳이었다. 로케이션이 많은 작업장이나 합숙소에서는 어김없이 새벽 6시면 기상했다. 연출부들은 모두 가부좌한 채 선의 경지로 나아가는 묵상으로 하루를 시작했다.

수학처럼 치밀한 촬영 계획에 준비가 소홀하면 날벼락 같은 호통이 떨어졌다. 조감독들의 코를 일일이 맡고는 술 냄새가 조금이라도 풍기면 그날은 온통 저기압이었다. 한때 이규환 감독은 '음주클럽'이라는 예술인, 지식인들의 모임에서 폭주로 한을 달랬을 만큼 대단한 애주가였다고 한다. 그러나 일단 촬영에 임하면 절대 금주, 금욕의 철칙으로 스태프들을 괴롭혔다. 비가 계속되는 날이면 촬영은 중단되었고, 합숙 농가의 마루에서 좌선하는 이규환 감독의 모습은 미륵보살반가사유상 같은 부처님 그 자체였다. 그 모습이 어찌나 성스러운지 술 마시러 가던 연출부들의 발목을 잡거나 발길을 돌리게 했을 정도였다. 이 모든 영향이 그대로

이규환 감독(1904~1982)

유현목의 영화 자세에도 묻어난다. 최근 봉준호 감독의 디테일한 작업 방식이 '봉테일'이라 불리며 회자됐었다. 치밀한 콘티, 스토리보드 작성 등 봉준호 감독의 꼼꼼하고 섬세한 작업방식이 주목받았는데, 사실 봉준호가 태어나기도 훨씬 이전에 이미 유현목 감독은 디테일 콘티, 스토리보드 작성 등을 챙기던 대표 감독이었다. 물론 그 이전으로 거슬러 올라가면 이규환 감독을 얘기할 수 있겠다. 유현목은 이규환 감독의 마지막 유언과도 같은 말을 가슴에 새겼다.

"작품은 혼으로 만드는 거야, 혼"

이규환 감독이 마지막 병상에서 신음하면서도 하던 말이었다. 유현목은 이 말을 자나깨나 평소 수도 없이 들었다. 자칫 흐트러지기 쉬운 한국 영화계 풍토에서 이규환 감독의 혼과 이를 계승한 유현목 감독의 정신은 한국영화를 지금까지 발전시켜온 원동력으로 남았다.

5장

영화감독의 삶
(1955~1995)

영화감독의 삶
(1955~1995)

유현목 감독에겐 항상 '예술파' 혹은 '마지막 로맨티스트'라는 닉네임이 붙어다녔다. 혹은 절망적 시대상황 속에서의 '냉엄한 리얼리스트'라고도 평한다. 그의 삶과 예술세계는 두 개다. 화사한 꿈과 차가운 현실, 또는 백발홍안 즉 흰머리와 불그스레한 얼굴과 차가운 장의차다. 백발홍안이란 붉은색 티셔츠 깃에 닿은 은발과 건강한 혈색이고, 장의차는 영화의 톤이 어둡고 음산한 걸 말한다.

유현목 영화의 맥은 어떻게 규정하는 것이 좋을까. 유현목은 사회적 리얼리즘의 한 페이지를 장식할 만한 감독이다. 멀리는 일제강점기 '아리랑'(1926)의 감독 춘사 나운규로부터 시작한다. 이어 그의 제자뻘 되는 이규환의 '임자없는 나룻배'(1932)로 이어 내려오며 그의 조감독이었던 유현목이

자리하게 된다. 유현목은 일제에 저항하며 민족주의 조선영화를 지향한 두 거장의 제자답게 '오발탄'(1961)이라는 시대의 걸작을 통해 자신의 정체성을 증명한다.

당시 철저히 독립프로덕션으로 제작된 영화 '오발탄'은 부패한 자유당 말기의 혼돈과 가난, 인간의 근원적 자유를 추구한 사회비판적 리얼리즘의 전설이다. 이어 그의 조감독이었던 김호선 감독은 70년대 산업화의 그늘 속에 처참하게 찢겨나간 젊음과 소외된 여성을 그린 '영자의 전성시대'(1975)로 시대의 어둠을 증언한다. 이렇게 영화로 표현된 한국의 사회적 리얼리즘의 계보를 그려보면 나운규. 이규환. 유현목, 이만희. 김호선, 하길종, 이장호의 '영상시대' 동인들, 정지영, 박광수, 홍기선, 등으로 이어진다.

유현목 감독의 계보는 화려하지만 본인 스스로 알리지 않아 일반인들은 잘 모른다. '달마가 동쪽으로 간 까닭은'으로 로카르노 국제영화제에서 그랑프리를 탄 배용균 감독이 70년대 중반 유현목 감독 밑에서 영화 '불꽃'의 조감독을 했었다. 또 재미在美 영화감독 홍의봉이 헐리우드 영화 '그들이 나를 브루스 리라고 부른다'로 크게 히트했을 때도 전혀 생색을 내는 법이 없었다. 그의 문하에서 조감독 수업을

영화배우 김진규(1923~1998)

쌓아 감독이 된 영화인들로는 김사겸, 김호선, 배용균, 이영실 등이 있다. 그의 작품을 통해 스타로 활약한 배우들도 한둘이 아니다. 남자배우로는 김진규, 최무룡, 신성일, 하명중이 있고, 여자배우로는 조미령, 문희, 최지희, 윤정희가 있다.

유현목 감독은 무엇을 남겼는가. 그는 해방 전후를 통틀어 최고의 영예를 거머쥔 감독이다. 1990년 〈한국영화 대표작 200선〉에서 최다 17편이 선정되었고, 2000년 〈20세기에 남을 한국영화 베스트10〉 중 '오발탄'이 1위에 선정되는 등 한국영화 최고의 감독으로 불려도 손색이 없을 것이다. 영화감독으로서의 유현목은 하나의 이미지일 뿐이고 그 외에도 다른 감독들이 갖고 있지 않은 많은 면모를 통해 오늘날까지도 후학들에게 '천의 얼굴'로 기억될 영화계의 거장인 것이다.

실존주의와 저항의 세계

유현목 감독이 평소 존경하던 영화감독은 스웨덴의 잉마르 베리만Ingmar Bergman(1918~2007)이었다. 그는 유럽순방 여행 때 베리만을 만나 환담을 나누고 돌아올 정도로 평소 베리만을 사숙私淑*했던 것이 사실이다. 유현목 감독에게 영향을 준 영화와 영화인들은 많지만 그중 베리만의 영향은 객관적으로 보더라도 유사점이 많은 내재적 동질성의 이유가 다분하다. 둘의 공통분모는 실존주의로 해석할 만한 '인간의 조건'에 관한 주제이다. 종교적 대상인 신을 지상으로 끌어내리고 인간의 고독과 방황을 기치로 내걸었던 두 사람의 영화는 마치 쌍둥이처럼 닮아있다. 유현목의 '오발탄'(1961), '김약국의 딸들'(1963), '잉여인간'(1964), '순교자'(1965), '막차로 온 손님들'(1967), '사람의 아들'(1980) 등은 신이 없는 세상에서 살아가는 인간의 처절한 실존주의적 방황을 그린다. 베리만의 영화 '제7의 봉인'(1957), '산딸기'(1957), '처녀의 샘'(1960), '어두운 유리를 통해'(1961), '겨울빛'(1963), '침묵'(1963), '페르소나'(1966) 등에서 깊은 영향을 받은 것으로 짐작된다.

*직접 가르침을 받지는 않았으나 마음속으로 그 사람을 본받아서 학문을 닦는 일

베리만과 유현목이 기댄 실존주의 철학은 흔히 앙가쥬망engagement*의 철학으로 정의된다. '실존은 본질에 앞선다'는 사르트르의 유명한 어구처럼 실존주의는 인간을 세상에 던져진(투기된) 존재로 규정하고, 하이데거의 '세계내존재世界內存在'**로서 유한적 생을 투쟁적으로 살아가는 모습으로 그린다. 또는 카뮈의 시지프스의 신화처럼 혹은 반항적 인간, 부도덕한 인간처럼 존재한다. 유현목 감독에게 있어 주어진 상황, 세계란 남북 분단의 현실이고, 가난이고, 전쟁 이후의 폐허다. 영화평론가 이영일(1935~2001)은 유현목 영화 속 두 개의 폐허를 언급한다. '현실의 폐허'와 '마음의 폐허'. 영화 속 대사처럼 '우리는 모두 신이 버린 오발탄'으로, 비참한 운명의 파편처럼 나뒹굴어지는 무가치한 존재로 규정된다.

유현목 감독의 주제는 세 가지로 압축하여 설명할 수 있다. "첫째, 인간의 존재를 통해서 상황의 악을 폭로한 존재의 목소리. 둘째, 신앙에 대한 박해와 맹신 앞에서 믿음의

*현실참여
**독일 철학자 하이데거의 용어. 항상 세계에 대해 내적內的인 연관이 있고, 세계에 관심을 두는 현존재現存在로서의 인간의 본질적인 존재 구조를 뜻한다

본질을 밝힌 양심의 목소리. 그리고 셋째는 좌우 이데올로기의 대결과 선택에 있어서 인간의 근원적인 가치를 표명한 자유의 목소리"(이영일, '유현목 미학에의 성찰')

또 한 명의 같은 자장권磁場圈* 감독을 들라면 아마도 소련의 세르게이 에이젠슈타인Sergei Eisenstein(1898~1948)을 들 수 있을 것이다. 영화적 주제에서 베리만과 쌍둥이라면 이론과 실천을 통합시키는 감독의 면모로서 에이젠슈타인과 유현목은 또한 쌍둥이다. 에이젠슈타인은 전집이 발간될 정도로 많은 저작을 소유한 특이한 이력의 감독이다. 그의 몽타쥬론은 초창기 영화발달사에서 중요한 역할을 했으며 60년대 이후 누벨 바그 감독 등에 의해 대안적 영화미학으로 재등장한 이론이다. 특히 철저한 콘티를 통해 사유하는 감독의 자세를 보여준 에이젠슈타인의 작업 방식은 그대로 유현복 감녹에게 전수되어 내려온다.

유현목 감독의 영화 중 후세대에게 가장 지대한 영향을 끼친 영화 한 편을 꼽으라면 주저없이 '오발탄'을 거론할 것이다. 역사는 반복되고 재생된다. 1980년대 정치사회적 변화에서 '오발탄'은 충무로 영화를 지향하던 당시의 청년들에게 큰 영향을 주게 된다. 자유당 말기의 부패한 사회에 분

*어떤 사람이나 일에 영향이 미치는 범위를 비유적으로 이르는 말

영화 '오발탄'

노하고 좌절했던 60년대 젊은이들의 정서가 새로운 정치사회를 열망하던 80년대의 정서와 자연스럽게 결합되었다. 80년대의 젊은이들은 '오발탄'을 통해 시대의 변혁을 더욱 피부로 느끼게 되었고 한국영화가 어떤 방식으로 변모되어야 할 것인지를 진지하게 성찰하기 시작했다. 해방 이후 현실 발언을 분명하게 하는 영화로는 '오발탄'이 거의 유일했다 해도 과언이 아니었기 때문이다.

쌍둥이 이야기 '교차로'로 데뷔

1956년 개봉된 '교차로'는 유현목 감독의 첫 작품이다. 7년여의 조감독 생활을 마감한 마지막 작품, 이규환 감독의 '춘향전'이 공전의 히트를 쳤다. 그가 맡은 퍼스트 조감독으로서의 몸값이 치솟았다. 때마침 영화 진흥을 위한다는 이승만 정권의 면세 조치가 있었다. 영화제작은 남는 장사라 하여 남대문시장의 상인마저 영화제작을 넘보던 때였다. 유 감독은 그런 행운을 타고 쉽사리 감독이 되었다.

어느 날 한국배우전문학원을 운영하던 김인걸 원장이

유현목 감독의 첫 영화
'교차로'(1956)

원로 시나리오 작가 이청기의 오리지널 시나리오를 들고 와서 연출을 의뢰해왔다.

쌍둥이 두 처녀의 다른 운명을 그린 멜로 드라마였다. 유 감독은 어두운 그림자를 드리운 작품을 좋아했다. 하지만 그 작품을 수락한 이유는 우선 가볍게 습작하는 편이 무겁고 어두운 작품을 섣불리 손대 위험 부담을 갖는 것보다 속 편한 일이었기 때문이다.

#옥희(조미령)는 여배우 희숙의 집에서 식모살이를 하는 순진한 처녀다. 여배우에게 제비같은 정부情婦가 있었다. 그 청년이 오면, 둘은 시도 때도 없이 사랑에 취하여 세월 가는 줄을 몰랐다.

그날도 여배우는 대낮에 찾아온 청년과 부둥켜안고 사랑에 도취되어 있었다. 무료했던 옥희는 문틈으로 두 사람의 열렬한 러브신을 들여다본다. 사춘기의 옥희는 너무나 뜨거운 이들의 포옹을 보고 부끄러워 어쩔 줄 모른다. 흥분과 호기심으로 한참 동안 지켜보다 참을 수 없자 정원으로 뛰쳐나간다.

#가까운 테니스 코트에서 대학생들이 테니스를 치고 있었다. 흥분이 가라앉지 않은 채로 옥희는 이들의 모습을 황홀하게 내려다보고 있었다. 공이 집안으로 날아 들어온다. 공을 찾으러 온 대학생은 옥희의 미모에 반하여 사랑에 빠진다. 옥희는 자신의 신분을 밝히지 않은 채 대학생과 사랑을 나누게 된다. 옥희는 주인이 없는 틈을 타 주인의 옷과 장신구로 치장하고 유원지 등으로 놀러다닌다.

#한편, 부잣집 딸 현숙(조미령, 1인 2역)은 사랑하는 애인과의 결혼 문제로 아버지와 불화를 일으킨다. 그녀는 집을 나와 행방을 감추어버린다. 현숙의 부모는 가출신고를 하고, 형사반장이 수사를 담당한다. 공교롭게도 현숙을 찾고 있던 형사반장에게 여배우 희숙이 옥희의 실종을 신고한다. 사진을 본 형사반장은 현숙의 사진과 비교해 보고 고개를 갸웃한다. 뚝섬유원지에서 형사대에 연행되어 온 옥희는 희숙의 집으로 돌려보내진다.

#친구의 집에 머물다 경찰에 자진 출두한 현숙은 형사반장에게서 옥희의 이야기를 듣고, 어렸을 때 잃어버린 쌍둥이 동생이 아닌가 생각한다.(이처럼 잃어버린 쌍둥이 소재는 6.25라는 큰 전쟁의 후유증을 반영하는 것이다. 실제로 전쟁통에 혈육을 잃어버린 일이 많았다.)

집으로 돌아간 현숙은 혼자 고민 끝에 옥희를 만나보려고 결심한다. 현숙은 형사반장과 상의하여 옥희를 경찰서로 불러오게 한다. 영문도 모르고 희숙과 함께 나온 옥희는 자기와 똑같은 현숙을 보고 깜짝 놀란다. 신상을 묻는 옥희는 자신의 지난 이야기를 한다.

#옥희는 어렸을 때 창경원에 가족과 함께 벚꽃놀이를 갔다가 사람들 틈에서 가족을 잃고, 경찰에 의해 어느 고아원에 맡겨졌었다. 고아원에서 잠시 지낸 옥희는 시골 농가에 입양되었다. 양부모의 생활이 어려워지자 식모살이로 전전하다 여배우의 집에 식모로 오게 되었다. 옥희가 동생임을 확신한 현숙은 자기가 언니라고 밝히며 부둥켜안는다. 옥희도 울음을 터뜨리며 몸부림친다. 지난 세월의 사무친 한이 북받쳐 오른 것이다.

영화 '교차로'의 한 장면. 왼쪽부터 염석주·조미령

#현숙의 말에 의하면, 4살 때 부모님과 꽃구경 갔다가 잃어버린 옥희를 백방으로 수소문해 찾았으나 돈만 없애고 허사로 끝나버렸다. 낙담한 아버지는 사업도 손에 잡히지 않아 가세가 기울 정도였다. 하나 남은 딸 현숙을 애지중지 키우던 아버지는 현숙이 사귀는 청년이 마음에 들지 않아 현숙과 갈등이 생겼던 것이다. 현숙은 아버지와 의견충돌이 생겨 옥신각신하던 끝에 가출을 했고, 그 과정에서 뜻밖에도 잃어버린 동생을 찾게 된 것이다. 아버지로서는 현숙의 행동

을 나무라기는커녕 오히려 칭찬을 해야 할 판이었다. 오랜 세월 집안을 덮고 있던 검은 구름이 걷히고 현숙 일가는 문제가 풀렸다. 잃어버린 딸을 찾고 사위감까지 한꺼번에 얻으며 행복하게 대단원의 막이 내린다.

정열적인 테크니션

유현목 감독 역시 처음에는 문제의식을 가진 주제와 내용 보다는 단지 영화적 기교에만 신경을 쓰던 영화청년에 지나지 않았다. 그럴 수밖에 없었던 것이 그 시절 한국영화는 극히 일부를 제외하고는 영화적 기교가 아주 미숙한 때였기 때문이다. 그저 줄거리와 배우에 의존할 뿐 감독의 '연출'은 찾아볼 수 없는 영화가 대부분이었다. 하지만 유현목 감독이 그 점을 불만으로 느끼며 분석해 보면 볼수록 종합예술로서의 '영화'는 흥미진진한 것이었다. 이런 유현목 감독의 생각이 반영된 데뷔작 '교차로'에 대해 어느 신문평에 '정열의 테크니션'이라는 제목이 실렸다. 나쁘게 보면 작품 내용보다 너무 잔재주만 부린다는 뜻이다. 하지만 좋게 보면 영화적 기교 부재시대에 새로운 스타일의 발견이라고 볼 수 있을 것이다.

주제의식을 발전시켜 주목을 받다

그 다음 작품 '유전의 애수'(1956)도 주제의 중량이 가벼운 것이어서 기교주의로 커버해 나갔다. 하지만 세 번째 작품 '잃어버린 청춘'(1957)부터는 기교만의 허망함을 메꾸기 위해 내용 중심의 경향으로 애썼던 작품 기획이라 할 수 있다. 유 감독은 편향된 형식주의를 벗어던지고, 내용에 상응하는 기교의 변수를 새삼 발견하려 했다. '오발탄'(1961)은 그러한 발상 전환의 틀을 잡은 작품이다.

'인생차압'(1958)은 영화 제복지고는 당시 관객들에게 좀 어려운 편이었다. 영화 라스트신에는 죽은 아버지의 사진이 등장하는데, 이미 사망한 아버지로 연기한 배우 김승호의 사진에 사망의 표시인 검은 줄을 두르기로 하자. 그는 기분 잡치는 일이라고 완강히 거부했다. 어디까지나 픽션의 세계임을 강조하며 천신만고 끝에 설득했다. 당시 죽는 장면은 배우들이 꺼려해서 '죽음'의 묘사는 몹시 힘들었다.

유현목은 사극과는 비교적 인연이 없었다. 그래서 '사극을 못하는 감독'이라는 빈정거림을 듣기도 했다. 그 점을 불식시키기 위해 메가폰을 든 것이 '임거정林巨正'(1961)이다. 임거정은 우리말로 '임꺽정'을 한자로 표기한 것이다. 영화에서 배우 최무룡과 문정숙을 말뚝에 묶어 놓고 화형식을 하는 장면이 있었다는데 하마터면 실제 화형식을 치를 뻔했다. 불길을 적당히 조정해 놓고 촬영을 하려는 찰나 갑자기 강풍이 불어닥쳐 두 사람의 옷깃에 불이 붙었다. 놀란 스태프들은 급히 불을 끄고, 바람이 잠잠해질 때까지 기다리면서 밤을 지새운 끝에 촬영은 새벽에 가서야 다시 시작됐다. 하필 이날 기온이 영하의 매서운 날씨였으니, 황량

영화 '임거정林巨正'(1961) 포스터

한 야외 로케이션 현장에서 동태가 안 된 것이 천만다행이었다. 상황이 그런데도 제작지는 필름을 너무 많이 사용한다고 트집을 잡았다. 사극을 못한다는 말도 듣는데다 얼어 죽을 것 같은 상황 속에서 눈치까지 보며 영화 찍는 일이 그렇게 서러울 수 없었다.

당시 영화계에는 용변 보는 장면이나 쥐가 나오면 흥행이 잘 된다는 징크스가 있었다. 유현목 감독의 '분례기'(1971) 역시 여러 차례 등장한 용변 보는 장면 때문인지 흥행에 성공을 거둬 징크스를 입증했다. 흥행작 '임거정'에도 그런 장면이 일부 있었다. 가짜 임꺽정인 배우 윤왕국이 산에서 용변을 보다 진짜 임꺽정을 만나는 장면이 있었다. 용변 보는 장면이라 추하지 않을까하는 걱정이 무색하게 코미디언 출신이었던 윤왕국이 특유의 넉살로 장면을 잘 살려준 덕분에 오히려 생농감을 수어 관객들의 파안대소를 자아냈다.

무자비한 가위질 검열의 고통 속에서

유현목 감독은 여러 영화에서 무자비한 검열의 가위

질에 무척이나 고통을 당했다. 영화 장면들이 잘려 나갈 때 마치 그의 분신이 없어지는 것 같았다. 자식을 사산시킨 산모의 심정과도 흡사했다. 그런데 오기 비슷한 느낌으로 그럴 때마다 역설적으로 새로운 의욕이 불길처럼 솟구쳤다.

가장 특기할 것이 1961년의 '오발탄'이었다. 1960년 자유당 말기에 촬영을 시작해 도중에 4.19혁명을 맞이했다. 덕분에 어느 정도 '표현의 자유'가 허락되어 시나리오를 더 과감하게 개작할 수가 있었다. 1961년 개봉 전에는 한 커트, 즉 상이군인들이 한국은행 앞에서 오줌을 싸며 분통을 터트리는 한 장면만 검열에서 삭제됐다. 하지만 곧 5.16군사정변이 발발했다. 군사정부는 내용이 어둡고, 늙은 어머니(노재신)의 대사를 문제 삼았다.

"가자! 가자!"

이 대사가 북으로 가자는 것을 뜻한다 하여 상영을 전면 보류시켰다. 이건 검열 차원이 아니라 당국의 일방적이며 무자비한 탄압이라는 생각밖에 들지 않았다.

유현목 감독은 '오발탄'에서 당시 가장 인기 있었던 두 스타 배우 김진규와 최무룡을 대결시켰다. 서로가 개성있는 역인지라 큰 장애 없이 무난히 찍었다. 오히려 인상에 남은 것은 어머니로 나온 노재신의 미친 노파 역할이었다. 워낙 말주변이 없는 유 감독은 '미친' 연기를 설명할 자신이 없어 정신병원에 가서 직접 환자들을 관찰했다. 덕분에 배우 노재신과 충분히 대화를 나눌 수 있었고 촬영은 순조롭게 진행됐다. 결과는 기대 이상이었다. 노재신의 미친 노파 연기는 두고두고 잊혀지지 않는 명연기였다. 어찌나 실감나게 연기를

영화 '오발탄'에서 미친 노파 역할을
실감나게 연기한 배우 노재신

했던지 촬영하는 도중 스태프들의 눈시울이 뜨거워질 정도였다. 유 감독 역시 감독으로서 자긍심에 감정이 복받쳐 올랐다.

최무룡이 은행을 터는 장면이 있었다. 은행측에서 한사코 그런 장면은 촬영할 수 없다고 반대했다. 할 수 없이 은행 밖 기독교 전도행렬로 강도질하는 시간을 대신했지만 결과적으로는 연출이 잘된 장면으로 꼽혔다. 오히려 전화위복이 된 셈이었다. 워낙 절망적인 내용의 작품이라 지방 흥행사가 상영권을 사려고 하지 않았지만 그걸 예상하고 배우들이 모두 노개런티로 출연해줘 완성할 수 있었다. 한 마디로 검열에 시달리면서도 혼을 쏟아 만든, 영화 역사상 오래도록 남을 걸작의 탄생이었다. 이런 영화는 이후로도 없었다.

영원한 걸작 '오발탄'

유현목의 대표작이자 해방 이후 한국영화의 첫 번째 대표작으로 꼽히곤 하는 '오발탄'은 이범선의 동명 소설을 영화화한 것이다. 이 영화의 주제는 한마디로 우울하고 답답한 현실에 대한 미해결의 고발장이었다. 고발장에 쓰여진 굵직굵직한 글자들이란 바로 '방향감각의 혼미', '주체 상실' 그리고 '현실에의 응시'라는 말들이었다.

오발탄은 '과녁을 벗어난 총알' '잘못 쏜 탄환'이란 뜻이다. 오발탄이란 제목부터가 신과 인간의 관계를 '합일'에서 찾으려 한 것이 아니고, '어긋남(오발)'에서 결론을 맺은 셈이다. 유현목 감독은 '오발탄'에서 한국의 빈곤을 축소시킨 것 같은 주인공 철호의 실존적인 상황을 그려주었다.

병들고 실성한 노모는 "가자! 가자!"를 간헐적으로 외치며, 상이용사 영호는 자신을 받아주지 않는 현실에 대한 좌절감으로 하여 마침내 범죄마저 저지른다. 순진했던 누이동생 명숙은 막다른 골목에서 양공주로 전락하고 만다. 게다가 아내는 해산 끝에 목숨을 잃는다. 이러한 극한 상황 속에서 계리사인 주인공은 치통을 앓고 있으나 시원스레 앓는 이를 빼버릴 주변머리조차도 없다.

이 영화에서 신과 인간의 문제나 신과 인간의 대화에 대하여 직접적으로 묘사된 것은 없다. 배경음으로 찬송가를 넣고, 배경신으로 기독교 전도단의 거리행렬 장면을 비추었을 뿐이다. 그럼에도 불구하고 이 영화에서는 시대적 배경인 1950년대에 풍미했던 실존주의의 영향을 받아 신과 인간의 커뮤니케이션이 '열림'쪽 보다는 '닫힘'쪽에 더 기울어져 있음을 냉철하게 진단해 주고 있다.

절망의 끝에 선 젊은이들

경식과 명숙은 결혼을 약속한 사이다. 명숙은 주인공 철호의 여동생이고, 경식은 상이군인 무직자이다. 경식은 자신의 몸이 성치 못한 점과 경제적 어려움으로 명숙과의 결혼을 미루고 있다. 이런 답답한 상황에서 명숙은 경식에게 정한수 떠놓고 결혼식이라도 올리자고 한다. 명숙도 답답하기 마찬가지지만, 더 한심한 것은 경식의 체념 상태이다. 돈이 없으면 명숙이 벌면 되고, 장애로 불편한 자신은 명숙을 외조해서 살면 되는 것이다. 1950년대 당시 한국 남자들의 무기력이 읽힌다.

철호는 계리사*라는 버젓한 직업을 갖고 있지만, 벌이는 시원치 않다. 6.25전쟁을 치른 지 얼마 안 된 탓에 나라 경제가 회복되지 않았다. 쥐꼬리만 한 월급으로 겨우 한 식

---

*'공인 회계사'의 이전 용어

'오발탄'의 문정숙 · 김진규

구 연명하는 셈이다. 그런데 딸린 식구가 한둘이 아니니 철호 아내 입장에선 맏며느리로서 고충이 한둘이 아니다. 실성한 어머니에, 작은 시아주버니, 막내 시아주버니, 동서까지 대가족이다. 노모는 미쳐서 "가자! 가자!"라는 말만 연발한다. 38선 이북의 고향으로 가자는 말이다. 이들은 이북에서 내려온 이산가족이다. 6.25전쟁이 끝난 직후 남쪽 끝으로 멀리 가지 않고, 휴전선에서 그나마 가까운 서울에서 터를 잡았다. 그게 해방촌*이다. 언덕 꼭대기에 얼기설기 판자집을 지어 어렵게 산다.

*남산 아래 언덕에 형성된 마을. 1945년 광복과 함께 해외에서 돌아온 사람들과 북쪽에서 월남한 사람들, 6.25전쟁으로 피란 온 사람들이 정착하면서 '해방촌'이라 불리게 되었다

노모의 대사 "가자! 가자!"의 반복. 거의 매 장면마다 반복되는데, 그건 이 작품의 주제인 '방향감의 상실'을 의미한다. 지금에 만족하지 못하고 그 전의 상태로 되돌아가자는 것이며, 고향으로 되돌아가자는 것이다. 장소 이동의 강한 욕망을 표현하고 있다. 영호와 철호가 현실에 대해 상이한 입장으로 논쟁을 할 때, "가자!"의 빈도가 절정을 이룬다. 노모의 '가자' 소리는 무려 15회나 반복되어, 이데올로기의 대립과 남북분단 상황을 구체적으로 암시한다. 고통의 원인은 고향 상실에 있다. 고향은 인간을 치유하는 좋은 대상이다. 허탈하게 집에 들어선 철호에게 들리는 해옥의 노래 "나의 살던 고향은~ 꽃피는 산골~"은 고향을 잃은 상실감, 방황의식을 대변하고 있다.

방황하는 두 형제, 영호와 철호

영화 속의 등장인물들은 정상이 거의 없다. 노모는 미쳐 있고, 명숙은 양공주 생활을 하고, 영호는 은행 강도, 철호는 미친 사람처럼 거리를 헤맨다. 이 모든 군상들은 시대적 징후를 암시한다. 모두 다 방향감각을 상실했다. 자기가 어디로 가야 할지를 모른다. 그런 혼돈된 의식은 미군정 치하에 서구와 한국의 극도로 혼란한 문화적 갈등으로 드러난다.

'오발탄'에서 영호 연기로
절정의 열연을 보여준 배우 최무룡

버스에 탄 철호(전경)는 버스 밖으로 차에 탄 미군과 양공주(후경)를 보게 된다. 이 프레임 역시 버스 창문을 경계로 전경과 후경이 배치되어 짜인 구도이다. 차 안에서 나오는 국악(판소리)과 양악(재즈)이 서로 충돌하며 갈등을 나타낸다. 우리와 외세의 정치적, 문화적 갈등을 형상화 해내고 있다.

사랑하던 여자 설희가 죽은 후 극도로 예민해진 영호는 평소 생각했던 은행 강도짓을 구체적으로 실행에 옮긴다. 은행에서 돈을 훔친 후 돈 보따리를 들고 도망치다 경찰에 발각되어 쫓기게 된다. 지상에서는 임금을 올려달라고 시위하는 노동자들의 집회 사이로 도망가고, 땅 밑으로는 청계천이 흐르는 지하를 뛰어간다. 지하에는 어린애를 등에 업은 채 목매달아 죽은 젊은 아낙의 시체가 대롱대롱 걸려 있다. 생활고를 비관하여 자살한 것이다. 당시 이런 풍경은 비일비재 했다. 영호는 경찰에 쫓기다 사다리 끝에서 좌절 히고 만다. 사다리는 공중에서 끝난다. 끝까지 도망칠 수는 없다는 사실을 보여준다.

  감옥에 들어간 영호의 모습은 소설『이방인』의 주인공 뫼르소가 사형 집행이 결정되어도 담담했던 모습을 떠올리게 한다. 영호는 죽음이 두렵지 않다. 사형장에 많은 사람들이 와서 구경했으면 좋겠다고 말한다. 이 대사는 카뮈의『이방인』에 나오는 바로 그 문장이다. 유 감독은 그 대사를 카뮈의 소설에서 인용했다.

  철호는 아내가 있는 대학병원, 치과, 영호가 있는 중부경찰서를 전전한다. 밤늦게 택시를 탄 철호가 기진맥진한 채 혼자말로 중얼거린다.

"아들 구실, 애비 구실, 남편 구실, 형 구실. 할 일이 너무 많구나! 아마도 난 신이 버린 오발탄인가 보다. 어딜 가긴 가야할텐데. 정확히 어딜 가야 할지 모르겠다"

그는 피를 흘리며 택시 안에 쓰러진다. 철호의 자아는 분열되어 있다. 사회는 현대인에게 많은 역할을 요구한다. 그는 동생 영호처럼 행동적으로 인생을 사는 사람이 아니다. 영호와 철호는 한 인간의 양면성을 의미하는 듯하다. 철호는 햄릿형, 영호는 행동형이다.

1980년 5.18광주민주화운동 이후 전국 대학은 휴교령이 떨어져 1학기 내내 휴교였다. 당시 대학생들은 혼란 속에서도 전두환 정권의 군부통치에 대해 저항적이었다. 영화를 전공하는 학생들의 의식도 마찬가지였다. 그 시기에 발견한 감독이 유현목이었고, 그 작품이 '오발탄'이었다.

역사는 윤회하였다. 1960년 자유당 이승만 독재정권과 4.19혁명, 이승만 하야, 1961년 박정희의 5.16군사정변, 이어 대통령 취임, 제3공화국 출범이라는 역사적 발단은 20여 년 후, 1979년 5공화국 독재 말기 박정희 피살, 전두환의 12.12군사정변, 이어 대통령 취임. 제6공화국 출범 등 20여 년을 사이에 두고 똑같이 반복되었다.

유현목 감독은 대한민국 현대사의 혼돈을 깊이 성찰

하며, 고통스러운 마음으로 영화를 제작하였다. 유현목의 '오발탄'은 그러한 시대적 기시감의 상징으로 1980년대 다시 부활되었다. 1960년 4.19혁명 이후 자유로운 분위기에서 제작되었고, 1961년 5.16군사정변 이후 개봉되었다가 군사 정부로부터 상영 중지를 당한 역사적 영화였다. 이승만 정권 말기 부패한 정치로 인해 극도로 어려운 경제상황 속에서 힘들게 살아가던 한 가족의 삶을 묘사하며 어둡고 절망적으로 현실을 그렸다는 이유 때문이었다. 하지만 이 영화를 감상했던 시민들의 얘기로는 극장 주변에서 울분을 토하며 절망적 상황에 공감하는 시민들로 술집이 연일 만원이었다고 한다.

힘들고 어려운 사람들의 입장을 대변하고 절망을 토로하는 영화적 형식을 '사실주의 미학'이라 말한다. '오발탄'은 당시 어려웠던 시민들의 입장을 대변했던 훌륭한 사실주의 영화였다. 개봉 당시에는 정치권에 의해 심한 탄압을 받았으나 80년대 이후 젊은 영화 학도들에 의해 재발견된 '오발탄'은 5.18광주민주화운동 이후 시대 조류에 따라 다시 부활하였다. 그 명성은 공식통계로 '해방 이후 최고의 작품 1위'를 지키며 한국영화사 최고의 작품으로 추앙받는 계기가 되었다.

수난 받았던 젊은 시절

'오발탄'은 개봉한지 얼마 안 되어 5.16군사정변으로 인해 상영 중단에 봉착한다. 몇 년 후 당시 집권 공화당 수뇌부를 끈질기게 설득한 결과 재상영 되는 우여곡절을 겪었다. 한 마디로 코미디 같은 진실이다. 유현목 감독은 자유당 정권 말기의 부패상을 그린 이 영화가 왜 군사정부에 의해 금지되어야 했는지를 반문했다. 군사정부는 재건의식을 독려해야 하는 시대에 너무 어두운 영화라고 중단 이유를 설명했다. 이에 대해 유현목 감독은 영화 속 부패와 어두움 때문에 결과적으로 군인들이 '정의로운 혁명'을 한 것이 아니냐는 논리로 설득했다. 군사정부는 군인 정권의 비위를 맞추는 달콤한 말에 설득 당했고, 결국 재개봉할 수 있었다고 한다.

그 다음 '순교자'의 수난은 기독교계에서 터져 나왔다. 북에서 순교했다고 알려진 12명의 목사들과 그 진실을 좇는 영화인데 대사 가운데 '신은 없다'는 말이 문제가 되었다. 무신론을 부추기는 영화라는 비판이 기독교계에서 나왔다. 이에 유현목 감독은 직접 목사 조찬모임을 마련해 그들에게 참다운 기독교정신을 역설적으로 설명하며, 끝내 논란을 잠재웠다.

그의 저항의식은 작품에만 있었던 것이 아니라 실생활에서도 나타났다. 이만희 감독의 영화 '7인의 여포로'(1965, 이후 '돌아온 여군'으로 개작)가 국가보안법에 걸리자 그것을 변호하면서 한 발언, '반공은 국시國是*가 아니다'라는 말이 반공법 위반에 걸린 사건이나, '춘몽'(1965)이 외설죄에 해당하는 음화제조법에 걸린 사건 등이 그러한 저항의식을 드러낸다.

젊은 시절 유현목 감독의 인생은 근대화로 향하는 온갖 장애물들과의 싸움이었다. 유현목 감독은 항상 피흘리는 존재였으며, 그처럼 치열하게 고통과 저항을 감수한 감독들도 충무로에 흔하지 않았다. 당대 라이벌 감독이었던 신상옥, 김기영, 김수용, 정창화 등 그 누구도 그러한 고초를 겪거나 저항한 감독은 없었다. 검열을 당하면 자진 삭제 하는 등의 말없이 고통을 감수한 사람들은 많았어도 이런 식의 여러 사유로 탄압을 받은 사례는 그리 많지 않았다. 그게 유현목 감독을 단지 작품성이 뛰어난 예술파 감독으로서 뿐만

*국민의 지지도가 높은 국가 이념이나 국가 정책의 기본 방침

아니라, 한국영화의 정신과 올바름을 몸소 실천한 영웅으로 추앙하는 이유다.

'잉여인간', '순교자'를 통해 사회를 또 한 번 뒤흔들어 놓다

'아낌없이 주련다'(1962)는 연상의 여인과의 사랑을 그린 한운사의 라디오 드라마였다. 무명배우 신성일은 이 영화로 일약 스타가 되었다. 당시 신인 신성일을 놓고 여러 사람들이 된다, 안 된다 하며 상당한 언쟁이 있었다. 유 감독의 주장으로 비록 신인이지만 모험을 하자는 데에 모두 동의를 했다. 이 영화에서 신성일과 이민자의 해변 러브신이 있었다. 신성일은 러브신에 대해 일일이 유 감독에게 물어볼 정도로 순진한 신인이었다. 결국 검열에서 이민자의 허리를 손가락으로 애무하는 장면은 너무 농도가 짙다며 가위질을 당했다. 시사를 끝내고 신성일이 유 감독에게 본인이 연기를 잘했는지 물어봤다. 유 감독은 말했다.

"딴 건 몰라도 러브신 하나는 걸작이었다!"

영화 '아낌없이 주련다'(1962) 포스터

　신성일이라는 스타배우를 발굴한 유 감독의 기지를 엿볼수 있었고, 이후 유 감독은 스타 제조기로서의 역할을 톡톡히 했다.

　'잉여인간'(1964)은 영화 타이틀 만큼이나 내용도 무척이나 어려운 작품이었다. 빈민촌의 생태를 실감나게 하려고 물이 흘러가던 청계천변에다 직접 촬영기를 들이대고 만든 영화였다(당시 청계천은 노숙자와 판자촌이 많은 가난하고 지저분한 동네였다).

배우 신영균이 노모 황정순과 가난한 이 판자촌에서 사는 장면을 촬영하기 위해 처음 헌팅을 가서는 집을 빌려 달라고 했다. 장소비를 달라기에 돈을 치렀다. 그런데 오픈 로케이션*을 하려고 하자 동장洞長이 나타나 "이렇게 가난한 곳을 찍으면 안 된다"라며 돈을 다시 돌려줬다. 영화는 무슨 일이 있어도 찍어야 했다. 유 감독은 여러 가지 입장을 설명한 끝에 결국 촬영을 성사시켰다. 서울의 온갖 오물을 안고 유유히 흐르는 청계천의 냄새란 견딜 수 없는 것이었다. 연사흘을 주야로 찍는 동안 고약한 냄새에 후각을 잃을 정도였다. 나중에 이 영화는 빈민촌의 생태를 너무 적나라하게 보여준다 하여 정부로부터 가위질을 당했다. 장소를 빌려 준 동장은 위로부터 호되게 문책을 당했다 한다. 비판적 사실주의를 향한 유 감독의 열정은 악조건 상황에서도 불굴의 의지로 꺼질 줄 몰랐다.

'아내는 고백한다'(1964)를 촬영할 때였다. 법정法廷 세트를 스튜디오 가득히 지어놓고 미녀 스타 김혜정과 연 사흘을 몰두해 촬영에 임했다. 스튜디오 사정 때문에 밤낮 없이 강행군을 거듭하자 잘 버티던 김혜정도 사흘째는 더 이

*현장의 집을 활용하여 촬영하는 방식

상 견딜 수 없어했다. 연기를 하다가도 자신도 모르는 순간에 깜박하고 조는 것이었다. 감독으로서는 할당된 분량을 해치워야 했으므로 그녀를 괴롭게 할 수밖에 없었다. 김혜정과 유 감독의 결전이라 해도 과언이 아니었으리라. 여배우도 사람이니 졸음이 올 때엔 수면을 취해야 옳았다. 하지만 상황이 상황인지라 유 감독은 조는 그녀를 마치 인형 다루듯 조종했다. 마침내 임무를 완수했고, 그녀는 갇힌 공간에서 해방될 수 있었다. 유 감독과 미녀 배우는 사흘 밤의 작업이 끝나자마자 실신 할 듯 피곤했지만 무언가 홀가분한 해방감을 느꼈다. 프로다운 유 감독의 연출력은 절정에 올랐다.

'푸른별 아래 잠들게 하라'(1965)는 당시 학도병의 연서로 인한 살인사건을 소재로 한 실화였다. 최영오란 군인이 연애편지를 가로챈 상사에게 총을 겨눈 문제를 다뤘다. 동국대 출신 시나리오 작가 최금동의 역작으로, 여기에 주연 배우 신성일과 엄앵란이 등장한다. 그런데 시작부터 문제가 발생했다. 군대 내무반을 찍으려고 전방부대 몇 군데를 찾아다녀도 군 질서에 악영향을 준다 하여 촬영 협조를 받을

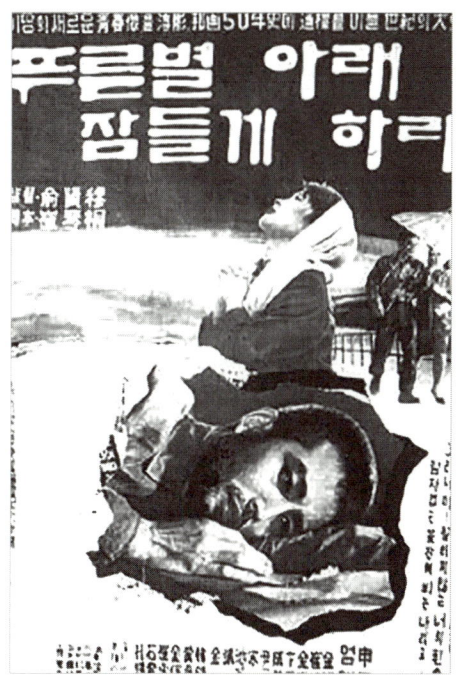

영화 '푸른별 아래 잠들게 하라'(1965) 포스터

수가 없었다. 결국 세트로 내무반을 꾸미기로 했다. 그런데 또 문제가 발생했다. 미술팀이 해방 이후 한국 군대를 잘 몰라서 그랬는지 마치 일제강점기 군 내무반 같이 만들어 놓은 것이었다. 유 감독 역시 군대를 안다녀와 국군을 잘 모르니 당황하긴 마찬가지였다. 대대장으로 있다가 육군본부에 근무하던 친구에게 전화를 걸어 조언을 구하고는 새로 내무반 세트를 만들었다.

유 감독은 이미 여러 차례 검열의 된서리를 맞은 경험이 있는 터라 무척 조심스레 찍었다. 그럼에도 워낙 하극상의 내용이라 그랬는지 검열의 가위질을 피할 수가 없었다. 지금 같으면 재촬영이라도 해서 줄거리나마 이어갈 수 있을 텐데, 그때는 재촬영할 돈도 없을뿐더러 검열로부터 빠져나갈 방도가 없던 엄혹한 시절이었다. 재촬영도 못하고 가위질에 잘린 채 줄거리가 이상하게 변해버린 처참한 몰골의 영화를 보면서 유 감독은 한에 사무친 가슴을 참아야 했다.

당시 여주인공이었던 엄앵란은 신성일과 결혼하여 임신 3개월이었다. 그럼에도 촬영에 들어갔다. 그때는 신·엄 배우가 황금 콤비였고, 많은 젊은이들이 그들 부부를 선망했다. 시간이 흐를수록 엄앵란의 인기가 급상승해 갈 때여서 웬만한 제작자는 그녀에 대해서 숨도 크게 내쉬지 못했다. 그래서 더욱 유 감독은 그녀와 작업에 열중할 수밖에 없었다.

그러나 유 감독에게 고심거리가 생겼다. 촬영이 점점 막바지로 치달을수록 그녀의 배가 불러왔기 때문이다. 그래도 감독은 이미 짜인 스케줄에 따라 그녀를 다스릴 수밖에 없었고, 그녀 또한 계약한 몸이었기 때문에 힘들어도 묵묵히 촬영을 끝내야만 했다. 팬들이 선망하는 스타이기에 앞서 그녀 또한 생명을 잉태한 평범한 사람이기에, 평소 그녀와 친분이 두터웠던 유 감독은 마음이 무척 괴로웠다. 다행히 촬영이 순조롭게 진척되어 크랭크업을 얼마 남겨놓지 않았을 때였다. 그날도 엄앵란은 쌀쌀한 날씨임에도 평소와 다름없이 남편 신성일과 함께 밤샘 촬영을 위해 시민회관(지금의 세종문화회관) 현장에 나타났다.

유 감독은 촬영에 앞서 어떻게 하면 임신 중인 그녀를 괴롭히지 않고 할당된 촬영량을 해치워야 하는지 곰곰이 생각했다. 우선 조감독으로 하여금 그녀에게 충분한 휴식을 취하도록 권했다. 촬영할 수 있는 모든 준비가 완료되었을 때 남편인 신성일에게 신호를 하도록 일렀다. 거의 매일 밤을 뜬 눈으로 새우다시피 하는 그녀. 차가운 날씨는 무거운 몸을 얼마나 더 힘들게 할지 충분히 짐작됨에도 그녀는 불평 한마디 하지 않고 자기가 할 일을 척척해냈다. 물론 남편

배우 엄앵란·신성일 부부(1964)

신성일이 그녀의 모든 것을 조심스럽게 돌봤다.

그날 밤 유 감독은 아직 서른도 채 되지 않은 부부가 서로를 위해 가며 주어진 일에 책임을 다한다는 사실에 감동 받았다. 일종의 동지애적인 사랑을 실감했다. 무척 부러웠다. 그렇기 때문에 그들은 황금스타가 되었고, 목적하는 바를 성취할 수 있었는지도 모를 일이었다. 유 감독은 그날 밤, 그들의 장래를 진심으로 축복했다.

한국에선 시도조차 힘들었던 실험적인 작품 '춘몽'(1965)은 사회적으로 말썽이 많은 영화였다. 여주인공(박수정)이 '벗었네' '안벗었네' 하여 법정에까지 비화된 영화다. 유 감독은 '음란물 제조법 위반'이라는, 지금 같으면 말도 안 되는 이유로 기소 당했다. 문제의 신은 변태성욕자(박암)를 피해 무대로 뛰어오는 여주인공의 드레스 끝이 밟히고 찢어지면서 나체가 드러나는 장면이다. 물론 정면이 아닌 뒷면 촬영이었고 치부는 가려져 있었다. 그럼에도 이것이 논란의 대상이었다.

검열관들은 이를 두고 '완전 나체'라며 가위질도 모자라, 외설로 고발까지 했다. 결국 선고유예로 끝났지만 유 감독은 혹독한 시련을 겪었다. 유 감독은 원래 에로티시즘하고는 거리가 먼 감독이었다. 하지만 이 '춘몽'만큼은 그가 젊은 시절부터 해보고 싶었던 실험적 영화 스타일로 연출했다. 대중성을 갖기에는 쉽게 이해가 가는 작품은 아닌지라 흥행에는 실패했다. 그래도 유 감독은 '실험성'에서 성공했다고 자부하는 예술작품이다.

'순교자'(1965)는 재미 작가 김은국의 영어소설을 원작으로 하고 있다. 소설은 실존주의적 휴머니즘을 다루면서 신의 역할 문제를 곁들이고 있어 미국 베스트셀러로 인기를 모은 작품이었다. 소설 『대지』를 쓴 작가 펄벅Pearl S. Buck(1892~1973)은 이 소설을 가리켜 다음과 같이 칭찬했다.

"도스토예프스키의 『죄와 벌』 이후 가장 실존주의적인 작품"

정말 그랬다. 이 소설은 그해 노벨 문학상 후보로도 올랐던 걸작이었다. 영화 줄거리는 김은국 작가의 경험이 녹아든 6.25전쟁을 소재로 하고 있다. 인민군이 평양을 점령했을 당시 평양 시내에 있던 14명의 목사에게 인민군은 하나님을 버리면, 즉 배교*하면 살려준다고 했다. 그들은 하나님을 버릴 수 없다고 하여 결국 순교했다. 그 중 두 명만 간신히 살아 남한에 내려오게 되는데, 신목사는 죽은 12명의 순교를 칭송하고, 또 정신이 이상해진 한목사는 횡설수설한다. 국군은 이 사건을 '공산주의 만행에 목숨을 잃은 목사들의 순교'로 널리 홍보하려 했으나 잡혀온 공산군 장교에 의해 사건의 전모가 드러난다. 그들은 순교한게 아니라 모두 하나님을 배신하고 살려달라고 했다는 것이다. 그러자 북한군은 하나님을 부정하고 목숨을 구걸한 목사들을 조롱하며 모두 사살했다고 했다. 가장 나이가 어렸던 한목사는 눈앞에서 선배들이 하나님을 배반하는 것을 보고 충격을 받아 미치게 됐다. 또 신목사는 사살되기 바로 직전 마침 미군 폭격이 있어 간신히 살아났다는 것이다. 이 사건을 취재하던 군 장교는 그럼에도 불구하고 살아남은 신목사는 왜 거짓말을 하며 그들을 순교자로 칭송하는지 이유를 알고 싶어한다.

*믿던 종교를 배반하는 일

왜 배교한 목사들을 순교자라 칭송하는 것일까? 이게 이 영화의 실존주의적 화두다. 하나님의 시험을 받아 아들을 죽여야 하는 상황에 놓인 욥의 고뇌(성경)와 자신이 살기 위해 사회 기생충 같은 전당포 노파를 죽였던 가난한 대학생 라스콜리니코프의 고뇌(죄와 벌), 굴러내리는 돌을 막아내며 끊임없이 돌을 굴려 언덕을 올라가는 형벌을 받는 시지프스와 같은 실존주의적 개념을 이 영화가 본격적으로 보여주었다.

영화 '순교자'의 최영수·김진규

학창시절『죄와 벌』의 세계에 심취되어 실존주의 성향의 영화를 기필코 만들고자 했던 유현목 감독. 김은국의 소설『순교자』는 유 감독이 가장 좋아할 만한 작품이었다. 마치 유 감독이 영화로 만들어주길 기다리다 나타난 작품 같았다. 노벨 문학상 후보까지 올랐던 이 세계적인 걸작을 유현목 감독이 놓칠 리가 없었다.

그러나 진지하기만 한 이 작품을 하려는 제작자가 없었다. 오락적 흥행성이 없다는 게 그 이유였다. 하는 수 없이 어느 사업가의 도움을 받아 유 감독이 직접 제작을 겸하게 되었다. 그런데 막상 상영을 앞두고는 기독교계가 반발하고 나섰다. 문공부장관(현재 문화체육관광부장관)을 찾아간 목사들이 이 영화의 상영금지를 연달아 호소했다. 작품 속 신 목사의 대사 때문이었다.

"신은 없다"

유 감독도 철저한 기독교 집안에서 자라 지금도 신의 존재를 굳게 믿는 처지인데 난감한 일이었다. 지방 상영극장 앞에는 아예 성경책을 들고 신자들이 입장을 막고 있는 것이 아닌가. 큰일이었다. 영화가 상영 중지될 위기에 놓인 것이다. 가난한 감독에게 큰 빚을 남길수도 있는 상황이었다. 부산 개봉 때는 유 감독이 직접 내려가서 그곳 목사 6명과 기독교 방송국에서 대담을 했다. 어느 목사가 물었다.

"유 감독님은 하나님의 존재를 믿습니까?"
"네. 저는 어렸을 때부터 몸이 약해서인지 신비주의자였습니다. 잡초 하나를 보나, 뜬 구름을 보나 거기서 하나님의 창조 섭리를 실감하며 의심치 않았습니다"

유 감독을 공격하려던 목사들이 그제서야 무릎을 치며 동감했다. 그들은 마이크 앞에서 말했다.

"신자 여러분! 신앙의 세계로 들어가는 것이 얼마나 어려운가를 이 영화에서 깨달으십시오. 꼭 영화 '순교자'를 보셔야 합니다"

비판하던 목사들이 오히려 선전을 해주었다. 이렇게 부산 흥행은 만족하게 끝냈다.

비가 오지 않는 날에도 비 오는 장면을 찍을 수 있다. 영화 '태양은 다시 뜬다'(1965)를 촬영할 때의 이야기다. 서울에서 2시간은 족히 걸리는 경기도 안성읍에서 촬영할 때의 일이다. 그때 소위 당일치기에 걸려 힘들어도 그날 촬영분을 모두 소화하지 않으면 안 되었다. 비가 오는 장면이었는데 다행히 그곳 소방서의 협력을 얻어 물을 뿌리며 촬영을 할 수 있었다.

그런데 문제는 시간과 배우의 제약으로 주인공 김진규가 네 시간 동안 물에 흠뻑 젖어 있지 않으면 안 되었다. 게다가 찬바람이 옷깃으로 스며드는 가을이었다. 아마 웬만큼 건강한 사람이라도 젖은 옷을 입고 초가을의 싸늘한 오후를 견딘다는 건 쉬운 일이 아니리라. 그러나 김진규는 덜덜 떨면서도 끝내 버티어 주었다. 시골에서는 보기 드문 구경거리다 보니 사람들이 많이 몰려 왔었다. 그들은 한결같이 김진규의 성실한 자세에 감탄했다.

감독은 때론 연기에 임하는 배우들의 자세를 보면서 많은 감동과 교훈을 느끼기도 한다. 이 대목이 바로 그런 대목이었다. 또 그들이 그런 훌륭한 연기 자세를 보이는 이유 또한 존경하는 감독의 인격과 예술세계에 매료되었기 때문일 것이다. 흥행성이 없는 유 감독의 작품에 그토록 대단한 스타 배우들이 왜 줄을 섰는지 이해할 수 있다.

유현목 감독은 초로初老*에 접어든 김진규의 열의에 감동하지 않을 수 없었다. 아마 훌륭한 연기자란 이를 두고 하는 말이라 문득 생각했다. 신파 연극배우 출신으로 이강천 감독의 '피아골'로 데뷔한 김진규는 '오발탄', '순교자', '태양은 다시 뜬다', '카인의 후예', '나도 인간이 되련다', '두 여보', '불꽃' 등 유 감독 작품에 가장 많이 등장한 배우다. 연기 이전에 지극히 사색적이고 철학적인 그의 얼굴이 갖는 표현성이 좋아 유 감독의 영화세계에 가장 적합한 배우였다. 김진규는 유현목의 분신이었다.

일반인들에게 유현목 감독의 대표작은 '오발탄'이지만 정작 본인은 '잉여인간'과 '인생차압'을 더 아끼는 작품으로 손꼽았다. 모두 소실되어 이 작품들을 볼 수 없다는 사실이 아쉽다. 소실된 걸작들을 온전히 복원하기 전까지 유현목 감독의 작품세계는 정리된 게 아니다.

*노년에 접어드는 나이

오락과 예술 경계를 자유롭게 넘나들다

1966년 유현목 감독은 '결혼특급작전'이라는 코미디물을 만들었다. 항간에서는 '유현목이도 이젠 한계점에 도달했다'며 입방아를 찧었다. 진지한 예술파 감독 유현목이 가벼운 코미디 오락영화를 만들었으니 이제 유현목도 끝났다는 의미일 거다. 이런 상업 오락적 풍토에서 예술 감독이 공생한다는 것은 얼굴에 철판을 깔지 않는 이상 여간 어려운 일이 아니었다. 사실 1966년이면 유현목 감독이 계속된 흥행 실패로 침체해 있을 때였다. 그에게 메가폰을 들려줄 영화사가 없어 다방에 죽치고 앉아 무력감으로 허송세월을 보내고 있는 유 감독에게 어느 제작사가 말했다.

"그래도 예술영화 고집하는 유현목은 오락영화도 품위 있게 만들 것 아냐"

제작자는 좋은 의도에서 유 감독에게 코미디물을 맡겼다. 그러나 유 감독은 품위는커녕 빠른 템포로 기존 오락영화보다도 더 경박하게 풀어나가며 제작자의 의도를 고약한 심보로 비틀어버렸다. 망할테면 망하라는 심보였는데 거꾸로 흥행이 되면서 유 감독의 주가가 덩달아 올라갔다. 유 감독은 '영화 흥행은 내 의지로 되는게 아니구나!' 하는 생각에 새삼 쓴 웃음을 지을 수밖에 없었다. 어쨌든 유 감독은 예술영화 뿐 아니라 오락영화도 잘 만드는, 60년대 당시 한국영화로선 가장 잘 나가는 중견 감독의 자리를 유지했다. 훗날 유 감독은 어느 해인가는 40여 편의 제작 의뢰가 들어올 정도였다고 회고했다.

'한恨'(1967)은 '임거정' 이후 두 번째 역사물 작품이었다. 장르는 공포 괴담영화로, 세 가지 이야기를 옴니버스 스타일로 했다. 유 감독은 지방 로케이션의 장점을 살렸다. 현지의 수려한 자연풍광과 공간미를 최대한 살렸다. 고정 촬영으로 동양적 유현미幽玄美*를 나타내려 애썼다. 시네마스코프Cinema-Scope인 와이드 스크린Wide Screen의 여백을 살리는 동양화 수법을 고집했다. 흔히 공포괴기물이라면 무서운 귀신같은 것으로 관객을 오싹하게 하는게 정석이었다, 하지만 유 감독은 거울 속에 보이는 귀신 역할의 배우 문희를 특수

*헤아리기 어려울 만큼 깊고 오묘한 아름다움

한 촬영 기법으로 아름답게 보여주었다. 또 종전 방식의 공포영화가 아닌, 아름다운 귀신과 유현한 동양적 산수화의 세계가 어우러진 독특한 공포영화 형식을 처음 선보였다.

영화 '한恨'(1967) 포스터

제1화는 문희와 오영일, 제2화는 윤일봉과 차유미, 전계현, 제3화에는 조미령과 남궁원을 출연시켰다. 제2화에서 차유미가 불에 탄 귀신으로 나오는데 유 감독은 분장을 보고 프랑켄슈타인과 드라큘라를 연상했다. 두 사람의 광대놀이 모습은 스턴트맨을 써서 스펙터클하게 보여주었다.

제3화는 소름 끼치도록 무서운 신이었다. 아내(조미령)가 사랑하는 남편(남궁원)의 병환을 완치하려면 사람의 다리가 효험이 있다고 하여 그것을 구하는 효부의 이야기다. 비 오는 밤에 깊은 산속 공동묘지에서 조미령이 시체 다리를 잘라 갖고 내려온다. 뒤따라오는 외다리 유령이 외친다.

"내 다리 내놔~!"

이 장면은 어찌나 오싹한지 당시 상안의 유행어로 '내 다리 내놔'가 유행하였다. 영화는 공전의 대히트를 거두었다. 시사회에서 영화를 본 독일 문정관이 즉석에서 독일정부 초청을 제의했다. 한국으로 발령 오기 전 홍콩에서 근무하며 중국영화를 많이 접한 독일 문정관은 이 영화가 중국 괴기 영화와는 비교가 안될만큼 품위 있는 예술적 작품이라고 극찬했다. 유현목 감독의 예술적 기량과 연출 솜씨가 물이 오를 대로 오른 경지를 보여주는 단적인 예이다.

반공영화의 시대를 치열하게 살다

1960년대 반공영화는 국책 영화로서 북한을 열등한 존재로 비판하고 남한의 반공 이념을 대중적으로 선전하는 영화였다. 예술과는 거리가 멀었지만 유현목 감독은 '악몽'(1968)을 필두로 하여 '카인의 후예'(1968)와 '나도 인간이 되련다'(1969), '불꽃'(1975), '장마'(1979) 등 반공영화를 다섯 편이나 만들었다. 그때는 '반공영화 우수상'이라는 제도가 있었다. 즉 정부에서 반공영화를 만들면 제작사를 포상하는 등 많은 혜택을 주었기 때문에 너도 나도 반공영화를 제작하려는 붐이 대단했다. 하지만 대부분 작품들이 국군은 무조건 영웅이고 강자여야 했다. 국군의 총 한 방으로 북한군 수십 명이 쓰러져야 하며, 북한군들은 바보여야 했다. 어처구니없는 상황 전개지만 중앙정보부의 생각에 따라 만들어졌기 때문에 다른 방법이 없었다. 예술영화 감독인 유현목 감독 입장에선 곤란한 일이 아닐 수 없었다.

그런 시류를 거부하고 영화 '7인의 여포로'에서 북한군도 인간 취급을 한 이만희 감독은 감방에 묶인 몸이 되었다. 유 감독은 '세계문화자유회' 주최로 열린 세미나에서 '은막의 자유'라는 발표문으로 그 작품을 옹호했다. 드라마의 적대 관계는 쌍방에 인간의 체온과 인격을 부여함으로써 비로소 극적 균형을 가질 수 있다는 내용이었다. 처음부터 어느 한쪽이 약한 조건이면 결말이 뻔한 것이어서 극적 균형이 깨지기 때문이다. 그 균형을 깨뜨리기 보다는 정치 체제의 우열성을 비교 묘사하는 것이 보다 명확히 메시지를 전달할 수 있다고 주장했다.

당시 5.16 군사 정권은 '국시는 반공이다' 기치로 혁명공약을 내세웠다. 유현목은 이를 다음과 같이 바꿔서 말했다.

'국시는 자유다'

당시 군사정권이 내세운 국시, 즉 국가의 이념에 맞서 표현의 자유를 주장했다. 그것이 밉보인 나머지 후일 유현목은 '반공법' 위반으로 기소되어 1년 반 동안 검사실에 부지런히 불려다니는 곤혹을 치렀다. 결과는 무죄 선고였다.

변소에서 태어났다고 해서 '똥례'라는 이름을 얻은 주인공이 온갖 고난을 겪는 영화 '분례기'(1971)는 검열 때문에 모든 신경을 곤두세우고 만든 작품이었다. 시작부터 '내용이 어둡다'는 꼬리표가 달린 까닭인지 각본에도 여러 시비가 붙었다. 하지만 배우 윤정희의 열연과 20일 동안 진행된 현지 로케이션에 보내준 주민들의 아낌없이 협조는 이 영화를 걸작으로 만든 동력이 되었다. '분례기'는 그해 대종상 시상식에 다수결로 최우수 작품상 후보로 선정됐지만 지나치게 어둡고 가난을 묘사했다는 문공부의 압력에 감독상과 여우주연상 수상으로 만족해야 했다.

당시 당국은 가난을 묘사하는 작품을 의도적으로 기피하려 들었다. 그런 작품이 외국이나 평양에 들어가면 우리나라의 체면이 뭐가 되겠느냐는 이유였다. 솔직하고 과감한 사실주의 예술영화가 한국 풍토에서 성장하지 못한 근본적인 이유가 거기에 있었다.

윤흥길의 소설 『장마』를 원작으로 한 유현목의 '장마'(1979)는 반공영화 시대를 치열하게 살아간 유 감독의 진면목을 보여준 걸작이었다. 6.25전쟁 때 피란 내려온 서울 식구와 시골 식구가 좌·우익 대립 속에서 민족의 동질성을 찾는다는 내용이었다. 하지만 이만희의 '7인의 여포로'나 김기덕의 '남과 북' 정도를 제외하고 수많은 반공 영화들이 반공 이념에 충실했던 것과는 달리 유현목의 '장마'는 소재만 반공에서 취했을 뿐 이념을 초월한 사상의 자유, 표현의 자

영화 '장마' 한 장면. 이대근(오른쪽)

유를 보여준 작품이었다.

　　영화는 경상북도 안동 근방의 아담한 마을에서 21일 만에 촬영을 끝낸 것으로 유명한데, 촬영 후 돌아오니 "느리기로 유명한 유 감독이 최단 시일 촬영기록을 깼다"라며 회자되고 있었다.

　　유 감독은 원래 화면의 입체성을 살리기 위해 다각도의 촬영을 선호한다. 세트 촬영 때 보통 세 면만 지어놓고 촬영을 한다. 하지만 유 감독은 세트에는 제4의 벽(관객을 바라보는 정면)이 꼭 있어야 입체성을 살릴 수 있다고 고집스레 그것을 감행한다. 이럴 때 조명을 설치하는 시간이 엄청나게 필요하다. 게을러서가 아니라 유현목 감독의 꼼꼼함과 세심함, 완벽주의가 그를 '느림보 감독'으로 불리게 한 원인이었다.

1980년 최고의 걸작 '사람의 아들'

　　'사람의 아들'(1980)은 이문열 원작 소설인데 영화로는 대중성에 있어서 난해한 작품이다. 처음 기획 당시 모든 사람들이 그 관념적인 소설을 어떻게 영화화 할 수 있겠냐고 비웃었다. 사실 각색부터도 난감하고 힘에 겨운 작업이었다. 유 감독은 많은 기독교인들로부터 비난을 받은 영화 '순교자'를 떠올리며 이 작품을 통해 뭔가 속죄, 아니 변명을 하고자 했다. '사람의 아들'의 주인공 민요섭이 전통 기독교로 복귀하는 결말을 보여주고 있다.

  3월의 어느 날, 유현목 감독이 우리 1학년 신입생들에게 영화관 단성사 앞으로 아침 7시까지 오라고 말했다. '사람의 아들' 단체 관람이었다. 당시 첫 상영은 9시였지만 영사映寫* 기사에게 특별히 부탁하여 동국대 연극영화과 1학년 학생들에게 첫회 상영 전에 볼 수 있게 한 것이다. 이미 소설을 읽었던 나는 큰 감동을 받았다. 마지막은 조동팔(강태기)이 요섭(하명중)을 찔러 죽이는 장면이었다. 요섭은 칼에 찔려 죽으면서도 미소를 지으며 말했다.

  "이것으로 저의 죄를 사하여 주시겠습니까?"

  스승을 찔러 죽인 동팔은 울부짖었고, 그의 얼굴 표정

*영화 필름에 있는 상을 영사막에 비추어 나타냄

은 고통으로 일그러졌다. 난 흐느껴 울었으나 숨죽여 울 수밖에 없었다. 극장에 신입생 동기들이 있어서 소리 내어 운다는 게 창피했다. 그때의 벅찬 감동은 지금도 잊을 수 없다.

당시는 1980년이었다. 우리 대학생들은 현대사의 가장 중요한 변곡점 한 복판에 있었다. 역사의 변곡점은 바로 1년 전 1979년 10월 26일부터 12월 12일, 그리고 1980년 5월 18일 광주다. 이 기간 동안 역사는 크게 변전하였다. 1979년 10월 26일 김재규 중앙정보부장은 박정희 대통령을 시해했다. 동지였던 김재규에 의해 살해된 박정희는 1961년 5.16군사정변으로 정권을 잡았고 이어 대통령에 취임했다. 초기엔 경제개발에 힘쓰는 등 국가 발전에 공을 세웠지만 1972년 10월 유신을 이용한 연임으로 독재의 길로 들어서면서 국민적 저항에 부딪혔다. 몇 번 하야의 기회가 있었으나 버티다가, 결국 부하에게 살해당했다.

이어 혼란한 정국을 틈타 당시 수도방위사령관이었던 전두환 장군을 중심으로 노태우 등 신군부가 등장하여 권력을 장악한다. 당시 대통령 대행은 최규하 국무총리였으나 전두환을 중심으로 하는 군인들이 군사정변을 감행한다.

1979년 12월 12일 전두환, 노태우 등의 쿠데타 세력은 정승화 참모총장을 체포한다. 전두환 장군은 국가보위위원회, 즉 국보위를 신설하여 실질적인 국가 통치에 들어갔다. 이어 1980년 그는 대통령으로 취임한다. 1979년 박정희 시해와 1981년 전두환의 대통령 취임 중간에 5.18광주민주화운동이 있었다. 영화 '사람의 아들'은 5.18광주민주화운동 직전에 개봉되었다.

이문열의 『사람의 아들』과 김성동의 『만다라』는 1980년 그 시기를 대표하는 문학작품이었다. 이 두 편의 소설은 그 당시의 정치, 사회, 문화적 세태를 상징적으로 반영하고 있다. 『사람의 아들』은 현실 고통에 신음하는 민중에게 십자가가 다가가야 한다는 민중 신학인 요섭과 그를 따르던 기독교 신자 동팔이 주인공이다. 동팔이 정통 기독교를 배신했다며 요섭을 살해하는 이야기를 다룬다. 70년대 이후 한국은 군사정부 독재와 국민간의 갈등이 극심했다. 민중 신학은 박정희 정권에 저항하는 민중의 저항을 상징하고 있었고 그를 반대한 세력은 보수적 민심이었던 것이다. 이러한 혼란과 갈등을 상징화한 영화 '사람의 아들'은 유현목 감

영화 '사람의 아들' 포스터

독의 실존주의적 색채를 강하게 반영하고 있다.

영화 '사람의 아들'은 영화를 단지 오락의 수단으로만 생각했던 나에게 철학적 사유와 현실의 문제를 해결하는 예술임을 일깨우며 큰 충격을 주었다. 1979년 대학을 입학하기 전, 요절한 영화감독 하길종의 책 『영상 인간구원의 메시지』와 『백마타고 온 또또』 이 두 권을 읽고 영화예술에 대한 큰 기대를 품고 있었던 내게 '사람의 아들'은 예술영화의 큰 그림을 그려준 셈이었다. 이 작품은 난해한 주제 때문에 흥행은 부진했지만 제19회 대종상 최우수작품상을 수상하며 부상으로 '외화수입 쿼터'를 받아 제작사의 손해는 메울 수 있었다. 그러나 다음 해부터 '외화수입 쿼터' 제도가 폐지되면서 유현목 감독은 이후 15년 동안 긴 동면에 들어갈 수밖에 없었다. 감독으로서 가장 불행한 기간을 견뎌 내야 했다.

'비흥행 감독'이라는 낙인

1980년 '사람의 아들' 흥행 실패 이후 '비흥행 영화감독'이라는 낙인이 유 감독을 쫓아다녔다. 그 사이 몇몇 제작자가 연출을 의뢰해 오기도 했지만 뜻에 맞지 않아 거절했다. 그는 어렵다고 아무 작품이나 하지 않는 성격이었다. 보다 우수한 젊은 감독들에게 맡겨야 성공할 것이라며 사양하기도 했다. 반면 유 감독이 특유의 어두운 작품을 구상해 제시하면 제작자가 외면을 하니 점점 더 긴 공백이 생기게 되었다.

'구름은 흘러도'(1959), '수학여행'(1969), '말미잘'(1995)은 어린이들을 그린 작품이다. 이북 황해도에 고향을 둔 유 감독으로서는 어린 시절의 향수를 떨쳐낼 수가 없다. 아름다운 자연과 뛰놀던 어린 친구들에 대한 간절한 추억이 아동

영화에 대한 관심으로 드러났다.

'구름은 흘러도'는 베스트셀러였던 재일교포 소녀의 일기를 중심으로 한다. 광산촌에서 부모를 잃은 세 자매가 꿈을 잃지 않고 살아가는 이야기다. 눈물 없이 볼 수 없다는 입소문에 극장은 관객들로 가득 찼다.

'수학여행'은 낙도 어린이들이 서울 나들이를 통해 도시란 무엇인가를 알게 되는 과정을 그렸다. '말미잘'은 자연회귀본능을 그리려 했다. '말미잘' 촬영은 군산에서 3시간쯤 가야하는 낙도가 주 무대였는데, 영화 촬영이 뭔지 모르는 섬 주민들 때문에 협조 받기가 어려웠다. 감독이라는 사람도 꾀죄죄한 작업복을 입고 있으니 알아보기는커녕 인사조차 안하는 분위기였다. 어느 날 배우 채시라, 한석규가 특별 출연으로 나타났다. 그 인기 스타들이 감독에게 90도 각도로 인사하며 꼼짝 못하는 것을 보고서야 섬사람들의 마음이 움직이기 시작했다. 섬 주민들은 그제야 유현목 감독을 대단한 사람으로 생각하고는 만나면 90도 각도로 인사를 하는 에피소드도 있었다.

마지막 걸작 '말미잘'

유 감독은 1947년 동국대학교 국문과 재학 시절, 임운학 감독의 '홍차기의 일생' 조감독을 맡으면서 처음으로 영화계에 입문하였다. 이 영화를 시작으로 1956년 '교차로'로 데뷔하기까지 8년 동안 조정호 감독의 '김상옥 혈사', 김석민 감독의 '밀고자', 김홍 감독의 '자유전선', 이규환 감독의 '춘향전' 등의 조연출을 통해 연출 수업을 받았다. 학생 영화인 '해풍'을 포함하면 '말미잘'이 마흔 네 번째 작품이 된다.

이 영화들 중에서 '잃어버린 청춘', '아낌없이 주련다' 등 3~4편 정도를 제외하고는 사랑이야기나 성문제를 다룬 작품이 없었다. 영화계에서 '유현목'하면 '재미없는 영화'를 떠올리는 것도 이러한 이유 때문일 것이다. 어렸을 때부터 고독을 좋아하고 그 영향인지 멜로드라마나 감각적인, 특히 여성 취향의 묘사는 영 서툴기만 했다. 사랑 이야기도 없고, 줄거리 중심이 아니라 스타일적 측면이 강하니 대중성이 있을 리 없다. 그간 대중들의 눈길을 끌지 못한 것도 그러한 그의 기질 때문이리라.

'사람의 아들' 흥행 실패 후 생긴 15년의 공백 중 가장

영화 '말미잘' 촬영 중인 유현목 감독

고통스러운 일은 산과 들, 바다를 헤매며 "레디~고!"를 외치지 못한다는 사실이었다. 15년 만에 연출한 작품 '말미잘'은 영화를 계속 만들겠다는 신선한 욕망을 불러 일으켰다.

1995년 4월에 개봉한 '말미잘'은 1993년 영화진흥공사 시나리오 공모 당선작인 권재우의 『엄마와 별과 말미잘』

을 각색했다. '말미잘'은 영화의 제목이기도 하지만 영화 속 소재로 등장해 성적 갈등을 표현하는 중요한 수단이기도 하다. 말미잘은 부드러운 촉수들이 위로 솟아서 물결에 따라 흘늘거리다가 먹이가 촉수를 건드리면 일제히 오므린다. 말미잘은 영화의 내용을 상징한다. 호기심 많은 9살 섬소년이 엄마의 재혼을 통해 성의식에 눈떠가는 과정을 그린 성장영화다. 순진무구한 동심이 그때까지는 전혀 모르던 성에 눈을 뜨고 세상을 알게 되지만 그것은 동시에 괴로움과 시련을 뜻한다.

공백 기간이 길었던 만큼 유현목 감독은 메가폰을 잡고 있다는 것이 즐겁기 이루 말할 수 없었다. 관객의 가슴속에 오랫동안 잔잔히 흐를 메시지를 담고자 했다. 15년이라는 공백 기간 동안 유현목 감독은 부족했던 점을 보

영화 '말미잘'(1995) 포스터

완하면서 대중적인 흥행성에도 비중을 두기로 다짐했다. 그런 면에서 '말미잘'은 현대적인 조류와 신세대적인 감각도 익히고 동심과 성의 관계를 부담스럽지 않으면서 가볍고 재미있게 묘사한다. 결코 저급하지 않은 오락성을 도모하면서도 예술적 품위를 잃지 않는 작품을 추구하던 유현목 감독에게 알맞은 작품이었다.

적절한 균형을 가진, 중용과 중도의 세계를 지향한 것은 일생동안 유 감독이 영화현장 경험을 통해 얻은 총체적 결론이었다. 그동안의 경험으로 볼 때, 그만의 예술영화를 독불장군식으로 주장하는 것이 불가능하다는 것을 절감했다. '타협'이 못마땅하게 여겨져 항상 제작자와 의견충돌이 있었다. 그래서 후학들을 통해 좌절을 극복해 보고자 교단에 서기도 했지만 방황이 생각보다 길어졌다. 대신 새로운 미학이나 감각을 경험할 수 있었기에 결코 아깝지 않은 시간이었다. 학생들의 순수한 열정이 그를 자극했고, 덕분에 '말미잘'을 밝은 톤의 젊은 영화로 만들 수 있었다.

충무로를 벗어난 미래의 영화운동가

유현목 감독의 또 다른 면모는 그가 문화영화기획, 전위영화운동, '한국소형영화동호회', '동서영화연구회' 활동을 통한, 미래 한국영화를 예견하는 영화운동가라는 점이다. 이처럼 반反충무로적 정신의 충무로 감독은 전후 그의 세대에선 유현목 감독이 거의 유일하다.

유 감독이 고전적 이론과 현대적 기법의 터널을 빠져나와 깊은 관심을 기울인 것은 '전위영화, 실험영화'에 대한 일종의 영화운동이었다. 유현목 감독은 1964년 문학평론가 최일수, TV 연출가 임학송 등과 전위영화집단 '씨네 포엠'을 결성하고 대표를 역임한다. 당시 한국영화들이 스토리텔링 위주에서 벗어나지 못한 것을 개탄한 그는 감독 초기부터 실험 영상에 대한 애착과 영화 미학의 본질적 탐구를 게을리 하지 않았다. 영화가 문학이나 연극의 문자 언어, 구두 언어의 세계에서 벗어난 '영상 언어'임을 증명하기 위한 작업이었다. 그는 직접 실험영화 '선'(13분), '손'(50초)을 제작하여 캐나다 국제영화제에 출품하기까지 한다. 그러한 그의 진지한 실험영화의 맥은 한옥희, 이공희에게 이어졌다. 한

옥희는 김점선 등과 같이 이화여대 동문들과 함께 '카이두'를 이끌며 유현목 감독과 긴밀한 관계를 유지했다.

유현목 감독이 직접 쓴 씨네 포엠 시나리오

영혼의 촉감
방향을 잃어버린 인간
그는 시간과 공간을 잃은 것이다.
신의 촉수처럼 황혼에 드리우는 공포의 빛깔들-
그는 눈동자 속의 프리즘을 찾아서 빛깔을 가려내야만 한다
무상의 빛깔의 난무-
초침 소리는 가속도로, 바늘은 역전한다. 탄생하는 아기의 소리가 단속되어 그것과 교향한다
사나이는 주축을 잃고, 수백 개의 영상이 되어 진폭한다
의미를 모를 그의 소리, 소리 소리들. 암흑이 엄습되고 다시 번개처럼 흰 빛깔이 침식해 온다
지구의 파열, 우주의 용해

피 묻은 톱니바퀴
어안 렌즈에 수납되는 비둘기들
직선-
포물선-
그리고 꿈틀거리는 24분의 1의 간헐적 눈동자들
암흑

영원한 것 같은 흰 점- 확대되고
사나이의 하반신-
휘어진 거울에 늘어나고 줄어들고
이글거리는 눈동자,
〈운명〉 교향악의 역회전 소리
새소리들의 압축-
새들의 슬로우 모션
포말들이 파도되어 수평선으로 역회전
종선, 죽음처럼 늘어지는 곡선
태양
사나이의 그림자 둘, 그리고 셋
풍향계 화살의 정지

노여운 파도의 정사진
기관차의 일그러진 초속–
바이올린 E선의 고음

흑과 백의 몽타쥬
저음과 고음
깨어지는 프리즘
선을 잃은 빛깔들–

이러한 실험영화에 대한 충동이 대중 영화로 표출된 작품이 '춘몽'(1965)이었다. 이 작품은 그의 실험정신이 잘 표출되었음에도 불구하고 그 당시 법정에서 외설이라는 판정을 내려 적잖은 고초를 겪기도 했다. 유현목 감독은 1960년대 말 미국, 유럽 지역 20여 나라의 영화계를 시찰하던 중 미국 언더그라운드 필름 운동의 기수인 조나스 메카스Jonas Mekas(1922~2019)의 영화 '일기'(1963)를 본 후 실험영화 운동의 필요성을 절감하고, 이러한 운동의 일환으로 유현목 감독은 비상업적인 영화 단체를 차례로 발족시켰다.

1972년 유현목 감독은 더 나아가 '유 프로덕션'이라는

영화 촬영 현장의 유현목 감독

문화영화제작사를 창립한다. 이 영화사는 상업 영화사로서의 의미보다는 영화사적 의미를 함축하고 있었다. 문화영화라고 이름 붙인 것 역시 비상업적 영화 활동을 펼칠 것을 뜻하고 있다. 당시 서구에서 전위적으로 진행되고 있던 소위 '아메리칸 뉴 시네마American New Cinema', '언더그라운드 영화 Underground Film' 운동의 한 측면이었던 것이다. 후일 그러한 운동은 개인영화, 기록영화 등 영화 문화의 사회적인 저변 확대로 이어졌다. 영상매체의 생활화는 미국 실험영화의 대부였던 조나스 메카스의 '일기영화diary film'와 같은 개념이었다. 일기를 쓰듯이 일상을 기록해 나가는 일기영화는 영화의 기능을 오락이 아닌 일상의 기록이라는 관점에서 제작하는 실험의식이었다. 그 이면에는 프로와 아마추어의 경계를 허물고자 하는 욕망이 있었고, 지금 4차 산업혁명시대의 프로슈머prosumer, 미래를 예견한 활동이었다 해도 과언이 아닐 것이다. 유현목 감독은 그러한 미래 영화에 대한 예지력과 준비력을 갖춘 특이한 이력의 소유자였던 것이다.

일반인들이 모두 영화를 찍게 하자

유현목 감독은 유럽 순방 중에 서구인들의 활발한 소형 영화운동을 목격하고 문화적 충격을 받으며 영화의 미래를 보게 되었다. 1969년 말, 유현목 감독 부부는 미국·영국·독일 정부 초청으로 문화 시찰차 각 나라를 방문할 기회가 있었는데, 둘러보는 김에 음악의 나라 오스트리아도 방문하게 됐다.

당시 요한 슈트라우스 조각상을 에워싼 공원 길 건너 인터콘티넨탈 호텔에 묵었는데, 방에 들어와 보니 탁자 위에 생각지도 않았던 꽃다발이 왈츠처럼 빛나고 있었다. 꽃다발 속 카드를 보니 '주 오스트리아대사 유양수'라고 쓰여 있었디. 그날 저녁. 유양수 대사 부부의 초청을 받아 관저에 도착하니, 유 감독 부부를 반기며 골방으로 안내했다. 유 대사는 8미리 영사기를 돌리면서 유 감독 부부가 봐주기를 간청하는 눈치였다. 유 감독은 영상을 감상하면서 세련된 촬영법과 영화 문법, 편집 솜씨에 놀라지 않을 수 없었다. 직업적 영화감독이 보기에도 예사롭지 않았다. 유 대사는 초조한 듯 자신이 만든 작품들을 이것저것 더 보여주었다.

'아마추어란 무엇인가'

그 일은 유현목이 이 문제를 심각하게 생각하는 계기가 되었다. 지금 2020년대는 스마트폰 시대다. 유현목은 1960년대 당시 이미 70여 년 후에나 펼쳐질 스마트폰 영상 시대를 예견한 것이다. 1895년 세계 최초로 프랑스 뤼미에르 형제가 '시네마토그라프cinématographe'라는 '활동사진' 기계를 발명한 초기에는 영상을 기록용이나 신기한 호기심거리로 생각했다. 그것이 차츰 예술가들의 예술적 재능에 부합됨으로써 오늘날 거대한 산업으로서의 영화예술이 된 것이다.

전문적인 문학인만이 글을 쓰는 것이 아니라 비전문적인 사람도 글을 쓴다. 영화도 영화인의 전유물이 아니라 일반 대중용 16미리 같은 소형영화 시대를 맞이했다. 유현목 감독은 그때 이미 '영상시대가 도래하는구나' 하고 생각한 것이다.

유양수 대사가 카메라를 벗한 동기는 그랬다. 외교관 생활은 일의 연속이었고, 그 긴장 속에서 늘 바쁘고 고독했다. 그 고독을 달래기 위해 틈나는 대로 카메라를 들고 나가 아름답고 이국적인 풍경들, 또는 삶의 움직임들을 포착하는 기쁨을 만끽했다. 밤에는 술로 고독을 달래기보다는 편집 삼매경에 빠졌다. 그러다보니 자연히 아름다움이란 무엇인가를 터득하고, 정신건강은 덤으로 얻었다.

　골방에는 유 감독이 처음 보는 소형 편집기며 도구들, 신형 8미리 카메라와 그 부속품들이 즐비했다. 그곳은 작은 촬영장이자 영사실이기도 했다. 그때만 해도 이런 시설을 갖춘다는 건 보통 영화마니아가 아니라면 불가능했다. 유 대사가 자랑스레 보여주는 볼렉스Bolex 무비카메라는 유 감독의 호기심을 끌었다. 다음에 스위스에 갈 기회가 있으

볼렉스Bolex 무비카메라

면 꼭 하나 사라고 권유하는 유 대사의 말처럼, 훗날 유 감독은 스위스에서 구입한 볼렉스 카메라로 세계 각지를 여행할 때마다 소중한 추억을 담아 '기행영화'를 만들었다. 그리고 이를 계기로 아마추어 영화제작 대중화운동을 펼치자는 발상이 머릿속에서 줄곧 떠나지 않았다. 영상시대의 길목에서 올바른 영상문화에 대한 관심을 생활화 해야겠다는 생각이 들었다.

마지막 시찰지인 일본에서는 이미 '소형영화운동'이 꽤 광범위하고 활발하다는 데에 놀라지 않을 수가 없었다. 개인적 창작 취미는 물론, 각 단체의 그룹 활동, 심지어 시골 소학교나 부녀회 등이 정서 함양이나 계몽에 8미리 영화를 활용할 정도로 소형 영화가 유행하고 있었다. 서울에 돌아오자마자 유 감독은 우선 영화인 친구들을 불러놓고 그간의 흥분을 설명하며 우리나라도 영상문화의 대중화운동을 서둘러야 한다고 역설했다. 대의명분이 충분하다며 모두들 적극 찬성했다.

'한국 소형영화동호회'라는 간판을 내걸고 신문에 홍보하자 금세 50명 정도가 8미리 카메라를 들고 모였다. 그때가 1970년 여름이었다. 유현목 감독은 1970년 한국 소형영화동호회 회장을 역임하면서 일반인의 소형영화운동에 앞장섰다. 소형영화동호회는 유현목 감독의 뜻을 받들어 당시 가장 활발히 활동하던 충무로 신진 감독들, 즉 '영상시대' 동인들에게 영향을 주었다. 미국 UCLA에서 영화연출을 전공한 후 실험영화운동을 하다가 귀국한 하길종(바보들의 행진, 1975), 김호선(영자의 전성시대, 1975), 이장호(별들의 고향, 1974) 등 '영상시대' 감독들과 함께 8미리, 16미리 영화제작 붐을 일으키며 아마추어 영화인 양성을 통한 영화 인구 확대에 이바지했다. 하길종, 이장호, 홍파, 김호선, 홍의봉 감독 및 영화평론가 변인식 등이 대표적이다. 또 '영상시대'의 정기 촬영회 및 월례강좌를 듣고 영화계에 입문한 감독들로는 배창호, 신승수, 이미례, 서영수 등이 있었다. 1971년 서울에 이어 부산 소형영화동호회도 등장하는 등 전국적으로 8미리 일반인 영화동호회 붐이 형성되었다.

　　1971년 한국일보가 후원하며 톱스타 여배우 최은희를 모델로 열린 제1회 소형영화 경연대회에는 700여 명이 쇄도하는 바람에 도깨비에 홀린 듯했다. 물론 8미리 카메라 소지자는 많지 않고 대부분 보통 스틸 카메라맨이었다. 지금 시대로 말하면 스마트폰 혹은 DSLR 카메라 소지자들을 불러 모은 행사였다. 당시 구름처럼 모인 사람들은 영상촬영에 얼마나 많은 사람들이 관심을 갖고 있는지를 그대로 보여주었다. 유현목 감독은 변화하는 시대의 흐름을 감지한 몇 안 되는 선구자였던 셈이다.

지금은 연합회 형식으로 '한국소형영화 작가협회'로 개칭되어 활동하며, 근래에는 회원들이 여러 국제 소형영화제에 참가하여 수상하는 기량을 보이고 있다.

영화서클을 통한 미래 세대의 후원자

유현목은 1978년 독일문화원을 중심으로 하는 영화 클럽 '동서영화연구회'를 창설한다. 영화 수입이 활발하지 않은 탓에 예술영화를 많이 감상하지 못했던 시기에 영화 연구를 진지하게 하는 시네클럽을 결성한 것이다. 순전히 차세대 청년 영화 학도들을 위한 배려에서 출발한 것이다. 후배와 영화계의 미래를 염려하는 유현목 감독의 순수한 마음을 읽을 수 있는 대목이다. 초기 연구회 멤버로는 전양준

(전 부산영화제집행위원장), 강한섭(작고, 전 서울예대교수), 정성일(영화평론가) 등이 있었고 그 이후 전찬일(영화평론가), 이정국(영화감독), 조재홍(다큐감독), 정재형(전 동국대교수) 등이 합류하여 맥을 이었다.

동서영화연구회는 1980년대 '서울영화집단'과 더불어 대한민국의 양대 영화연구 집단이었다. 이들은 80년대 이후 비제도권에서 출발한 새로운 한국영화 인력들이 90년대 들어와 어떻게 충무로의 진영을 변화시켰는지 알려주는 시금석이다. 유현목 감독의 보호 아래 성장한 맹아들은 90년대 이후 한국영화계의 현장, 평론, 학계, 영화제 등에서 전방위적으로 활동을 남기며 명실공히 새로운 충무로 영화를 일구는 나무들로 성장했다. 이 모든 배후의 에너지원으로 유현목 감독의 공을 인정하지 않을 수 없다. 그래서 80년대 젊은 세대들이 가장 추앙하는 충무로 감독으로 유현복을 꼽은 것은 자연스런 결과였던 것이다.

6장

박근자 여사와의 삶
(1958~2009)

박근자
여사와의 삶
(1958~2009)

피아노를 치고 싶었던 여고생, 박근자

　유현목 감독의 아내 박근자 여사는 함경북도 흥남에서 태어났다. 할아버지, 할머니 댁은 평양이었다. 할아버지께서 구한말 서재필 등과 같이 관비유학생으로 일본유학을 갔던 엘리트 집안이었다. 관료적인 할아버지와는 달리 아버지 박성삼(1907~1987)은 목공예 예술가였다. 한국 초창기 목공예의 선구자다. 또한 그 시절 드물게 피아노도 치셨으며 무성영화 반주도 가끔 하셨다. 큰 아들은 죽고 딸 둘을 두었는데 박근자는 둘째 딸이다. 박 여사가 태어났을 때 주변에서 '엄마 문 막고 나왔다'라는 말을 했다. 이후 어머니가 자식을 더는 낳지 못했기 때문이다. 훗날 박근자 여사는 "어린 나이에 그 말뜻도 모르고 그냥 아니라고 하며 막 울었는데 지금 생각해보면 엄마만 막아 놓은게 아니라 나도 막아놓은 셈이 되었다"고 술회했다. 유 감독과 박 여사 사이엔 자식이 없기 때문이다. 아버지는 방학 때마다 여행을 데리고 다니셨다. 예술가 아버지는 박근자에게 많은 영향을 준 깨인 사람이었다.

 박근자 여사는 중국 만주 안동에서 자라고 연변에서 여학교를 다니다가 해방 이듬 해 38선을 넘어 서울로 와 왕십리 무학고녀(지금의 무학여고)를 다녔다. 그 시절, 박 여사는 피아노를 치고 싶은 평범한 소녀였지만 집에 피아노가 있을 리 만무했다. 무학고녀에 있던 피아노 두 대마저도 선배들에게 우선권이 있다 보니 치는 순서를 무한정 기다릴 수밖에 없었다고 한다.

 하루는 선배들이 피아노 주위에 모여 한 대학생의 외모를 흉보고 있었다. 파격적이고 퇴폐적인 스타일의 남성이었다. 양말은 구멍 나고, 옷도 낡아 남루하기 짝이 없는 청년, 당시 장충동 사촌누나 집에 얹혀살며 청소나 문단속 등 허드렛일을 해주고 있던 유 감독이었다. 아직 두 사람의 만남은 이뤄지지 않았지만, 이후 이어질 인연의 복선은 아니었을까.

유 감독과의 인연

당시 동숭동(대학로) 서울대학교 캠퍼스에는 개울이 하나 흘렀고 봄이면 노란 개나리꽃이 만개했다. 그 풍경이 너무 황홀해서 박근자 여사는 외쳤다.

"난 서울대 갈거야"

제주도에서 지옥처럼 지냈던 시절, 동백꽃을 보며 시름을 달랬던 유현목. 노란 개나리꽃을 황홀하게 바라보며 꿈을 키워 서울대 미대에 진학한 박근자. 꽃을 사랑했던 두 사람이 운명처럼 낭만적인 사랑에 빠졌다. 결혼까지 하게 될 줄은 본인들도 몰랐을 것이다. 영어, 일본어 등 외국어를 잘했던 박근자 여사는 영문과나 일문과를 가도 충분했지만 꽃을 보고 충동적으로 미술대학을 결정할 만큼 낭만적이었다.

서울대 미대에서 서양화를 전공하던 박근자 여사가

어떻게 유현목 감독을 만나게 됐을까?

당시 서울미대 학장은 장면 부통령*의 동생 장발 교수였다. 그 집안은 제물포에서 무역상을 하던 재력가 집안으로, 장학생을 선발해 미국으로 유학을 보내고 있었다. 장발 교수는 박근자 여사를 미국 콜로라도대학으로 유학 보내려 했지만, 그 기회가 다른 사람에게 넘어가면서 박 여사는 유학길이 막히게 되었다. 장발 교수는 미안한 마음에 졸업 후에도 학교에 나오라고 연구실을 하나 마련해주었다. 이후 장발 교수가 마련해준 연구실에서 그림을 그리던 박여사는 가끔씩 명동에 나가 돌체다방에 앉아 음악감상을 하며 시간을 보냈다. 당시 명동은 공초空超 오상순 시인부터 문학인, 영화인 등 온갖 예술인들이 모이던 예술의 성지였다.

어느날 박근자는 명동에서 우연히 무학고녀 동창 이경자**를 만났다. 당시 이경자는 유현목 감독의 '잃어버린 청춘' 스크립터(연출부 기록담당)로 일하고 있었는데, 이경자의

*1899~1966. 해방 이후 자유당 독재정권에 대항하여 투쟁했으며, 1956년 부통령에 당선됐고, 1960년 4.19혁명으로 이뤄진 제2공화국의 내각책임제 국무총리로 선출됐다
**1960년대부터 충무로 영화계에서 편집으로 명성을 떨쳤던 대한민국 최고의 편집 기사

**유현목 감독과의 약혼 무렵
박근자 여사**

손에 이끌려 청동다방에 올라가니 여러 남자들이 모여 앉아있었다. 그 중 구석자리 까만 얼굴의 남자 하나가 유난히 눈에 띄었으니, 유현목 감독이었다. 왜 다들 다방에 모여 멍하니 앉아있냐고 묻자 "잃어버린 제작자 때문"이라고 유현목이 대답했다. 영화 '잃어버린 청춘'을 촬영하던 중에 제작비가 바닥나 촬영은 중단되고, 제작자는 홍콩에 가서 돈을 벌어오겠다며 사라진 상태였다. 그 '잃어버린 제작자'가 바로 제작자 겸 주연배우였던 청춘스타 최무룡(배우 최민수의 아버지)이었다. 그들은 정말 '잃어버린 제작자'로 인해 아까운 청춘의 시간을 죽이고 있었던 것이다.

이경자가 박근자에게 영화 세트 디자인을 해보라고 권유했다. 미술을 전공했으니 세트 디자인쯤이야 쉽지 않느냐며, 일하고 돈을 벌어 프랑스로 유학가라는 뜻이었다.

50년대 말 명동 청동다방 모습(EBS드라마 '명동백작' 세트)

    유 감독은 핑크색 원피스를 입은 박근자에게 한 눈에 반했다. 예쁜 노란 파라솔을 든 격조 있는 모습이있으니 반할 만도 했다. 박근자 역시 그동안 말로만 들었던 유 감독을 처음 대면했다. 고등학교 시절, 선배들이 피아노 치면서 시 네포엠 등등 수근 대던 사람, 충무로나 을지로 등 지인 집에서 가끔 보던 아르바이트 하는 모습. 이렇게 둘의 인연은 수년에 걸쳐 돌고 돌아 설레는 만남으로 마침내 이뤄졌다.

박근자는 걷는걸 좋아해 왕십리와 명동을 자주 걸어 다녔다. 왕십리를 향해 충무로를 지나다 보면 큰 성채 같은 집이 눈에 띄어 항상 바라보곤 했는데, 나중에 유 감독에게 듣게 되었지만 당시 유현목이 그 집 방 한 칸을 얻어 살고 있었다고 한다. 둘의 관계는 직접 만나지 않았어도 오래전 부터 인연으로 이어져 있었던 것은 아닐까.

연애와 결혼

둘의 교제 기간은 1년 여였다. 프로포즈는 없었다. 만난 후 첫 데이트는 지금은 사라진 군자동 영화촬영소였다. 다른 감독이 촬영하는 걸 함께 구경하는 식의 데이트였다. 당시 유명 배우 김승호가 차례를 기다리며 혼자 대사를 외우는 모습을 보거나 영화 세트를 구경했다. 또, 인천에서 배를 타고 작약도에도 자주 갔다.

박근자 여사는 유현목 감독의 겸손하고, 경솔하지 않으며 성실한 인품이 마음에 들었다고 한다. 유머감각이 많

▶
1958년의 결혼식 사진

앉던 유 감독 덕분에 매일 만나도 지루할 틈이 없었던 두 사람은 누가 먼저 "결혼하자"고 할 것도 없이 자연스럽게 결혼을 하게 된다.

두 사람은 1958년 12월 27일 결혼을 한다. 유현목은 33살, 박근자는 27살이었다. 박근자의 언니가 아직 미혼이라 부모님은 동생이 먼저 결혼하는 걸 걱정했지만 더 이상 기다릴 수 없어 서둘렀다. 유현목의 어머니는 서른 넘은 아들이 결혼하는 것을 반겼고, 공예가였던 박근자의 아버지는 본인이 예술가였으므로 유현목의 생활을 충분히 이해해 주었다. 물론 유현목 감독 역시 '잃어버린 청춘' 이후 '아름다운 여인', '인생차압' 등 무려 네 편을 연출하며 신인 감독으로서 한창 잘 나가던 시절이었다. 결혼을 하게 되면서 상복도 터지게 된다. 결혼식과 관련된 잊을 수 없는 추억이 있다.

연애시절, 유현목 감독과 박근자 여사는 강변 오솔길을 걷고 있었다. 늦가을의 상큼한 바람에 낙엽이 이리저리 쓸리고 있었다. 둘은 예술을 이야기하고 인생을 논하며 정처 없이 걸었다. 결혼 후 펼쳐질 새로운 인생을 꿈꾸던 약혼 시절이었다. 고르지 않는 자갈길을 걷던 박근자가 허리를 굽혀 작은 돌멩이 하나를 주워들었다.

"어머. 아름다워요. 이 무늬, 빛깔을 좀 봐요"

그녀가 내민 돌멩이에는 초록과 분홍 빛깔의 영롱한 무늬가 있었다. 흔해 빠진 못생긴 돌멩이에 이렇게 고운 무늬가 있다는 사실이 믿어지지 않을 만큼 신기했다. 그녀는 자연이 만들어낸 신비한 조화에 잠시 흥분하고 있었다.

"우리 이걸로 결혼반지를 만들어요. 얼마나 멋있어요"

30대의 유현목은 비싼 결혼반지는 엄두도 낼 수 없을 만큼 가난했지만 그렇다고 길바닥의 돌멩이로 생애에 한 번밖에 없는 기념 반지를 만든다는 것은 상상도 할 수 없었다. 그러나 그녀는 진지했다. 돌멩이를 갈아 반지를 만드는 일을 서슴없이 실천에 옮겼다. 결혼식 날, 주례는 곱게 포장된 반지 상자를 여는 순간 멈칫해 버렸다. 다이아몬드도 백금도 아닌 돌멩이 반지가 있었기 때문이다. 당황한 사람은 주례만이 아니었다. 주례가 당황하자 신랑인 유현목의 얼굴도 화끈하게 달아올랐다. 흘낏 옆의 신부를 봤다. 그녀는 미소만 머금고 있을 뿐이었다.

유 감독은 그때 일을 생각할 때마다 저절로 미소가 떠올랐다. 창피하거나 비굴해서가 아니다. 오히려 그때의 추억이 자랑스럽고 그지없이 흐뭇했다. 길가에 있던 하찮은 돌멩이가 다이몬드 보다 몇 갑절 고귀한 값어치를 지녔다는 사실을 살아오는 동안 깨닫게 된 것이다. 유 감독은 그런 판단을 해준 아내에게 항상 감사한 마음을 가졌다. 그녀는 어떤 값비싼 보물과도 바꿀 수 없는 고귀하고 순수한 사랑의 마음을 선물한 것이다. 그렇게 멋있는 여자였다.

　　신혼살림은 유 감독 어머니의 남산집에서 1년 넘게 함께 살았는데, 고부갈등으로 아내가 맘고생하는 걸 보면서 유 감독은 분가를 생각했다. 마침 막내 동생 영목이 결혼을 하고 들어와 살아야 해서 유 감독이 방을 비워주려던 참이었다.

　　그 시절이나 지금이나 젊은 사람들의 힘든 삶이 엿보인다. 결혼을 해도 방 한 칸을 마련하지 못해 부모에게 기대야 하니, 삶의 어려움은 누구나 거쳐 가는 통과의례인지도 모른다. 가난을 부끄러워하거나 열등의식을 느낄 필요도 없다. 인간은 누구나 그렇게 살고, 그 와중에도 결혼하고, 애를 낳아 키우고, 열심히 일하고, 그렇게 늙어가는게 인생이니까. 유현목 감독 역시 집 한 칸 마련할 돈도 없는 가난한 시절, 희대의 걸작 '오발탄'을 제작했다. 물론 돈이 없어 여러 차례 촬영을 중단하느라 제작 기일이 오래 걸리긴 했지만 말이다.

부부싸움 한 번 없었지만 외로웠던 부부

평소 말수가 적은 유 감독 덕분에 두 사람은 부부싸움을 할 일도 없었다. 서로의 일과 관심 영역이 달라서 평소 같이 다닐 일이 많지 않았던 것도 이유일 것이다. 유 감독은 영화계를 중심으로 지인들이 있었고, 박 여사는 국내 보다는 외국인 지인이 더 많았다. 유 감독은 집에 들어와도 밖의 얘기는 전혀 안했다. 술이 들어가면 곧잘 했지만, 그렇지 않은 경우 어머니든, 아내든 누구하고도 얘기 하지 않았다. 그렇다고 간섭하거나 화를 내는 경우도 없었으니 그 성격을 나쁘다고 할 수도 없다. 하지만 부부관계에 있어 대화가 없다는 것이 반드시 좋은 것만은 아닌 것 같다. 박 여사는 조금씩 외로움이 커져 간다는 사실을 무시할 수 없었다.

젊어서는 유 감독과 떨어져 있기 싫어 지방 촬영도 따라 다녔지만 차츰 신경 쓰지 않게 되었다. 시간이 지나면서 '영화

감독'이라는 직업의 특수성을 이해하고 인정하게 된 것이다.

월급이 없었던 직업

영화감독의 삶은 월급이 없는 삶이다. 유 감독이 영화 '상한 갈대'(1984)를 찍으러 미국에 간 적이 있었다. 그 사이 유 감독이 운영하던 유 프로덕션 직원이 동국대 교수 월급을 대리 수령해 박 여사에게 전달하자 그 때 처음 월급이 있다는 사실을 알게 되었다고 한다. 유 감독이 1976년부터 받은 동국대 교수 월급을 영화사 운영에 사용하느라 집에는 한 번도 가져온 적이 없었기 때문이었다.

훗날 유 감독은 어느 영화제에서 수상 상금으로 받은 천만원을 아내에게 주면서 "평생 월급 얘기 안 해줘서 참으로 고마웠소. 이 돈으로 옷이라도 한 벌 사 입으시오"라고 했다니, 그 남편에 그 아내, 천생연분이 아닐 수 없다는 생각이 든다.

결혼의 위기

영혼의 결합 같은 유현목 감독과 박근자 여사의 결혼 생활에도 위기는 있었다. 두 사람 사이에 자식이 없다보니 각자 서로의 일을 하며 자유롭게 사는 이유가 컸다. 박 여사는 1977년 미국 풀브라이트* 장학생으로 뉴욕 유학길에 오를 때 사실 이혼을 결심하고 있었다. 그러나 뉴욕에서 삶은 견디기 힘들만큼 외로웠지만 덕분에 자신의 삶과 결혼생활을 되돌아볼 수 있는 사색의 시간이기도 했다.

과묵하고 영화밖에 모르는 남편이었지만, 밤늦게 술을 마시고 들어와도 식사는 꼭 집에서 하고, 가끔 술에 취해 귀가할 때면 박 여사를 위해 아주까리 잎 하나 들고 웃으며 들어오던 로맨티스트였다. 그런 낭만적인 유 감독의 모습이 참 좋았고, 여전히 사랑하고 있는 자신을 발견한 것이다. 비록 월급 한번 가져다준 일 없이 여행을 갈 때나 유학길에 오를 때도 경비 한번 대준 적 없는 남편이라 서운했지만 50년 결혼생활을 돌아보면 좋은 사람하고 살았다는 것을 미국으

*Fulbright Program. 세계에서 가장 권위 있는 장학금 중 하나. 전세계 150여 개국에서 우수한 인재들을 선발해 미국에 유학할 수 있도록 지원하는 프로그램이다

로 잠시 떠나 있으면서 분명이 깨닫게 된 것이다.

몰두, 순수함, 완벽주의자

유현목 감독은 영화를 한창 촬영할 때면 자다가도 "카메라! 라이트(조명)! 레디~고!"라고 잠꼬대를 할 만큼 영화에 대한 집중력이 대단했다. 유 감독의 잠꼬대 소리에 잠이 깨면 젊어서는 무서워 울기도 했지만, 박 여사는 그 집중력이 남편을 평생 존중하고 존경한 이유라고 손꼽았다. 또 박 여사는 유 감독의 보석 같은 장점으로 순수함을 말했다. 주변에 무관심한 듯 했지만 상대가 힘들어 하면 앞뒤 계산 없이 관심을 갖고 적극 도와주려 애썼다. 이만희 감독이 영화 '7인의 여포로' 때문에 반공법 위반으로 입건됐을 적에도 그를 변호하다가 검사에게 불려가 그렇게 시달렸지만 박 여사에게 일체 말을 하지 않아 몰랐다고 한다.

또 유현목 감독은 영화 크랭크인crank in 전 반드시 완벽한 콘티, 스토리보드를 전 신에 걸쳐 완성하여 벽에다 붙여놓고 시작한 것으로 유명하다. 이러한 철저함, 고집스러움, 완벽주의가 유현목의 예술세계를 지탱한 요소였다. 유 감독의 작품은 그의 인생을 부감俯瞰* 해볼 수 있는 세계다. 선·악 이분법으로 인간을 비판하지 않으며, 누굴 흉보거나 비난한 적이 없었다. 박 여사는 "심지어 사람을 미워한다는 생각조차 마음속에 없던 사람"이라고 회고했다.

항상 베풀었던 유 감독

유 감독은 가난했지만 주변인을 도와주는데 인색하지 않았다. 경향신문 김진찬 기자는 자유당 시절 신문이 폐간되어 어려움을 겪을 때, 유 감독이 생활비를 보조해준 것을 잊을 수가 없었다. 그 일을 평생 고마워하며 자신의 능력으로 유 감독 내외에게 도움을 드릴 수 있는 일이라면 기꺼이 나서서 해결해 주었다고 한다. 또 정기적으로 유 감독에게 돈을 가져간 시인도 있었다. 시 '귀천'의 천상병 시인이다.

나 하늘로 돌아가리라
새벽빛 와 닿으면 스러지는

*높은 곳에서 내려다 봄,
High Angle

이슬 더불어 손에 손을 잡고,

나 하늘로 돌아가리라
노을빛 함께 단 둘이서
기슭에서 놀다가 구름 손짓하며는,

나 하늘로 돌아가리라.
아름다운 이 세상 소풍 끝내는 날,
가서, 아름다웠더라고 말하리라.

 천상병 시인은 명동에서 유 감독을 만나면 늘 돈을 달라하곤 받은 돈으로 술을 마셨다. 천상병 시인이 유 감독에게 돈을 당당히 요구한 것은 박 여사 표현대로 '귀여운 행동'이다. 사심 없는 아이 같은 행동이었다. 그의 마음은 동심童心이고 부처의 마음이다. 또 그걸 그대로 받아주고 흔쾌히 돈을 내준 유 감독의 마음 역시 순진무구하긴 마찬가지였다. 예술가들의 마음은 부처의 마음이요, 아이의 마음으로 일맥상통하는가 보다.
 1960년대의 명동은 꿈과 낭만, 사랑과 열정의 공간이

공초 오상순 시인

었다. 가난하지만 따뜻했던 예술가들의 시대였다. 명동에 가면 천상병 시인도 있었지만, 누구보나도 청동 다방에서 하루 종일 담배를 피워댔던 공초 오상순 시인을 빼놓을 수 없다. 오상순 시인은 잠잘 때를 제외하곤 입에서 담배가 떠나지 않았다는 일화가 있다. 유현목 감독 역시 항상 담배를 피워 물었고, 심지어 동국대 수업시간에는 담배를 문다는 것이 분필을 입에 물어 도로 뱉었다는 웃기는 일화도 있었다. 그는 손에서 담배가 떠나지 않던 애연가였고, 커피와 맥주를 사랑했던 낭만주의자였다. 맥주를 마시며 가곡 '산타루치아'와 '오! 솔레미오', 차이코프스키의 '비창' 멜로디를 즐겨 흥얼거렸고, "고향에 고향에 돌아와도 그리던 고향은 아니러뇨"라는 노래도 자주 읊조렸다.

고향에 고향에 돌아와도
그리던 고향은 아니러뇨

산꿩이 알을 품고
뻐꾸기 제철에 울건만

마음은 제 고향 지니지 않고
머언 항구로 떠도는 구름

오늘도 뫼 끝에 홀로 오르니
흰 점꽃이 언정스레 웃고

어린 시절에 불던 풀피리 소리 아니 나고
메마른 입술에 쓰디쓰다

고향에 고향에 돌아와도
그리던 하늘만이 높푸르구나

— 가곡 '고향', 정지용 시 · 채동선 작곡

7장

동국대학교
교수로서의 삶
(1976~1990)

동국대학교 교수로서의 삶
(1976~1990)

이론과 실기를 갖춘 독보적인 감독

1976년 유현목 감독은 동국대학교 연극영화학과 교수로 부임했다. 2009년 65세로 정년퇴임 할 때까지 많은 제자들을 배출하며 교수로서의 명성을 누렸다. 감독으로 이미 례(고추밭의 양배추, 1985), 최진수(헤어드레서, 1995), 박재호(내일로 흐르는 강, 1996), 양영철(박대박, 1997), 박영훈(중독, 2002), 유하(말죽거리 잔혹사, 2004), 양윤호(홀리데이, 2006), 권형진(호로비츠를 위하여, 2006), 이승무(워리어스 웨이, 2010), 김대현(다방의 푸른 꿈, 2015), 이공희(기억의 소리, 2016), 김성수(아수라, 2016), 모지은(좋은 사람 있으면 소개시켜줘, 2002), 김상찬(복면달호, 2007), 김주호(바람과 함께 사라지다, 2012), 안상훈(블라인드, 2011), 권혁재(해결

**동국대 학생들과 수업중인
유현목 감독(1991)**

사, 2010), 김한민(명량, 2014)와 배우로는 한석규, 박신양, 채시라, 김혜수, 유준상, 강석우, 신혜수, 이성재, 고현정, 전지현, 이정재, 신민아 등이 있다.

충무로의 거장 유 감독이 다른 감독들과 다른 점은 대

표 영화감독이면서도 이론과 실기 모든 방면에 업적을 갖고 있는 유일한 감독이라는 점이다. 당대의 대감독 신상옥, 김기영, 김수용 감독들과 비교해도 많은 저서를 남긴 독보적인 감독이기 때문이다. 서구에서도 드문 사례로 그가 존경했던 구 소련 세르게이 에이젠슈타인 감독 정도가 해당될 것이다.

학자로서의 유현목은 잘 알려져 있지 않은 대목이지만 다양한 자료를 통해 그런 사실을 반증하고 있다. 유현목은 세 권의 단행본 『한국영화발달사』(1980), 『세계영화감독론』(1985), 『유현목 영화인생』(2004)과 한 권의 공저 『영화란 무엇인가』(1986), 두 권의 번역서 『기록영화론』(폴 로사, 1982), 『일본영화이야기』(사토 다다오, 1993)가 있다. 또한 여러 편의 논문을 통해 학자로서의 면모를 보이고 있다. 예술원 논문으로 쓰여진 「에이젠슈타인의 몽타주론」, 「프랑스 고전 포토제니론」, 「전위실험영화이론」, 「미래의 영화론」 등이 대표적이다.

특히 『한국영화발달사』는 몇 권 안 되는 한국영화사 대표 연구 서적으로 이영일의 『한국영화전사』(1969)와 더불어 해방 이전의 조선영화 활동을 정리한 기본서로 꼽힌다. 유현목 감독이 이 책을 서술하게 된 이유는 아마도 후반기 그의 생애가 동국대학교 교수로서 후학들은 가르치는 현장에 있었기 때문이기도 하고, 해방 이전에 출생한 덕분에 초창기 조선영화의 흔적을 조금이나마 기억하고 있는 사람으로서 증언하고 싶은 욕구가 발동했으리라 추측해 본다.

에필로그

유현목의 호는 영산詠山이다. '산을 노래한다는 뜻'이니, 유 감독의 자연사랑, 고향 땅, 특히 북한에 있는 사리원을 그리워한 삶을 담고 있다. 2009년 6월 28일 지병에 당뇨 합병증이 겹쳐 별세한 유 감독의 장지는 마석 모란공원 묘지다. 그의 묘에는 평소 그를 따르던 동국대학교 영화 전공 제자들이 세운 '영산 유현목추모비'가 있다. 그 비碑에는 시인이며 영화평론가인 김종원의 시가 새겨져 있다.

역사란 결코 만만한 게 아닌데
당신은 이미 살아생전에 역사였습니다
그때 나는 갓 스물 네 살이었습니다
4.19 학생 혁명의 격랑이

채 사그라지지 않은 1961년 5월 16일
군화가 짓밟고 지나간
서슬 퍼런 광화문 거리 국제극장에
겁 없이 고개를 내민 영화 간판 하나
오오, 동강난 산하
실성한 해방촌의 '오발탄'이여
실향민의 설움으로 빚은
분단시대의 절규
사실주의 영화의 정점이여
나는 정말 몰랐습니다
그때 걸린 영화 한 편이
이렇게 큰일 낼 줄은

— 이미 역사가 된 당신
유현목 감독님을 보내며, 김종원

유현목 그는 천의 얼굴을 지닌 사나이였다. 영화를 하였으나 영화 밖의 세계와 교유했고, 마침내 세상을 얻었다.

그는 예술이 세상을 바꿀 수 있다는 일에 충실했고 그걸 증명해 냈다. 나의 오랜 화두가 풀렸다.

"정치가는 제도로 세상을 변화시키지만, 영화예술은 사람들의 마음을 움직여 세상을 변화시킨다"

이 생각은 학창시절부터 대가들의 작품을 보면서 지녔던 나의 좌우명과도 같은 생각이었다. 그래서 영화를 전공했다. 내가 세상을 얼마나 변화시켰는지는 잘 모르겠다. 하지만 분명한 것은 나의 영화 선배이며 동국대 선배인 유현목 감독은 영화를 통해 대한민국을 변화시켰다는 것이다. 자랑스러운 선배님, 고이 잠드소서.

부록

유현목 연보

유현목 감독 연보

1925년 7월 2일 황해도 사리원 출생
1933년 덕성보통학교 입학
1939년 휘문중학교 입학
1946년 동국대학교 국문과 입학
1946년 조정호 감독의 조감독으로 영화계 입문
1947년 최초의 학생영화 '해풍' 연출
1956년 '교차로'로 영화감독 데뷔. '유전의 애수' 연출
1957년 '잃어버린 청춘' 연출
1958년 서양화가 박근자와 결혼
    '인생차압', '그대와 영원히' 연출
1959년 '아름다운 여인', '구름은 흘러도' 연출. 문교부 우수영화상 수상
1961년 '오발탄' 연출. '임거정' 연출
1962년 '아낌없이 주련다' 연출
1963년 제7회 샌프란시스코 영화제에 '오발탄' 출품.
    김진규와 함께 영화제 참가

	실험영화 제작 클럽 '시네포엠' 결성
1964년	'잉여인간', '아내는 고백한다' 연출
1965년	'순교자' 연출, 기독교계의 반발. '춘몽' 연출. 외설죄로 기소. "국시는 반공이 아니라 자유"라고 발언하여 반공법 혐의로 입건
1966년	'특급결혼작전' 연출
1967년	한국 최초의 옴니버스 영화 '한' 연출
1969년	미국·영국·독일 초청으로 20개국 영화계 시찰
1971년	독립제작사 유 프로덕션 설립
1974년	한국영화감독위원회 위원장 선출
1976년	동국대 교수 부임
1979년	독일문화원 후원으로 '동서영화연구회' 결성 '장마' 연출
1980년	'사람의 아들' 연출 『한국영화발달사』 출간
1981년	대한민국예술원 회원
1990년	한국필름보관소 주최 '유현목 회고전' 개최
1994년	영상자료원 주최 '유현목 회고전' 개최
1995년	마지막 작품 '말미잘' 연출
1996년	신상옥, 임권택과 함께 뉴욕 현대미술관 한국영화제 초청
1997년	미국 LA 한국문화센터와 캘리포니아주립대학 주최 세미나에서 '오발탄' 상영
1998년	제2회 서울국제독립영화제 조직위원장

1999년 프랑스 액상프로방스 한국영화제 '유현목 회고전' 개최
제40회 3.1 문화상 예술부문 수상
제4회 부산국제영화제 '유현목 회고전' 개최
2009년 경기도 파주에서 별세

지은이 · 정재형

1960년 대전출생. 휘문고등학교 1학년 때 문예반 활동을 하며 설문조사 차 유현목 감독을 처음 뵙는 인연이 있었다. 학창시절, 동국대 국문과 출신으로 국어선생님이었던 시인 황명과 정의홍(문예반 교사) 두 분에게서 많은 영향을 받았다.

동국대 연극영화학과에서 영화를 전공하고, 대학원을 다니며 〈월간 스크린〉의 취재기자로 4년 간 활동했다. 이후 미국 유학을 떠나 뉴욕대학원(NYU)에서 수학 후, 뉴욕시립대학원(CUNY)에서 영화학 석사, 귀국하여 중앙대 첨단영상대학원에서 영화학 박사를 취득했다. 1991년 동국대 연극영화학과교수로 부임, 현재 동국대 명예교수로 있다.

한국영상문화학회 회장, 한국문화예술교육학회 회장, 모드니예술연구소 소장, 한국영하하히 히장, 한국영화평론가협회 회장, 국제영화비평가연맹 한국본부 회장, 한국영화연구소 소장 등을 두루 역임하면서 영화평론 · 이론 활동을 하였다. 또한 EBS 시네마천국 사회, 광주국제영화제 수석프로그래머, 오프앤프리 확장영화예술제 조직위원장, 예술의 전당 예술영화 강좌, 광주독립영화관 실험영화 입문 강좌 진행 등을 통해 영화계 및 영화 대중활동을 꾸준히 하였다.

이데일리, 경기일보, 조선일보, 한겨레, 주간 조선, 교수신문 등에 영화평과 칼럼을 꾸준히 연재했고. 저서로는 『영화이해의 길잡이』, 『정재형 교수의 영화강의』, 『MT영화학』, 『유현목』, 『뉴 시네마 감독론』, 『북한영화에 대해 알고 싶은 다섯 가지』, 『N세대 영상론』, 『차학경 예술론』, 『영화영상 스토리텔링 100』(번역) 등 다수가 있다

'이 사람을 보라' 간행위원회

증명 — 성우
고문 — 성월, 돈관
간행위원장 — 윤성이, 박대신

간행위원 —
이영경, 채석래, 종호, 곽채기, 김관규
문선배, 임선기, 최대식, 윤재민, 조충미
박정오
김종윤, 김양수
윤재웅, 이계홍, 유권준, 신홍래, 신관호
이용범, 신미숙, 박기련, 지정학, 김애주
김성우, 김창현, 김정은

이 사람을 보라
천의 얼굴 영화감독 유현목

2022년 8월 22일 1쇄 발행
2023년 3월 6일 2쇄 발행

글쓴이 ― 정재형
발행인 ― 박기련
발행처 ― 학교법인 동국대학교 출판문화원

출판등록 ― 제2020-000110호(2020.7.9)
주소 ― 04626 서울시 중구 퇴계로36길2 신관1층 105호
전화 ― 02-2264-4714
팩스 ― 02-2268-7851

Homepage ― http://dgpress.dongguk.edu
E-mail ― abook@jeongjincorp.com

디자인 ― 씨디자인
인쇄 ― 신도

ISBN 979-11-91670-35-6 03810
값 12,000원

이 책의 무단 전재나 복제 행위는
저작권법 제98조에 따라 처벌받게 됩니다.